not only passion

not only passion

單車放浪

how many roads
must a
bike ride on

作者 黃健和

dala vs 004

dala vs 004

單車放浪
how many roads must a bike ride on

作者：黃健和

攝影：黃健和、洪雅雯、楊志雄、高世安、梅國謹等

責任編輯：洪雅雯、郭上嘉

企宣：洪雅雯

美術設計：楊啟巽工作室

法律顧問：全理法律事務所董安丹律師

出版：大辣出版股份有限公司

　　　台北市105南京東路四段25號11F

　　　www.dalapub.com

　　　Tel：（02）2718-2698　Fax：（02）2514-8670

　　　service@dalapub.com

發行：大塊文化出版股份有限公司

　　　台北市105南京東路四段25號11F

　　　www.locuspublishing.com

　　　Tel：（02）8712-3898　Fax：（02）8712-3897

　　　讀者服務專線：0800-006689

　　　郵撥帳號：18955675

　　　戶名：大塊文化出版股份有限公司

　　　locus@locuspublishing.com

台灣地區總經銷：大和書報圖書股份有限公司

　　　地址：242台北縣新莊市五工五路2號

　　　Tel：（02）8990-2588　Fax：（02）2990-1658

　　　製版：瑞豐製版印刷股份有限公司

　　　初版一刷：2008年11月

　　　定價：新台幣 350 元

Printed in Taiwan

ISBN：978-986-6634-08-6

how many roads
must a
bike ride on

騎車，永遠一個人的事！

1995 那年，一位大甲的朋友，邀我騎單車上貓空，我突然發現單車原來可以拿來「休閒」。

之前，儘管我在台北以腳踏車為代步工具近十年，也從未騎出過這個城市。

這個重大的「發現」，讓我樂的向親朋好友炫耀，阿和當然也是其中之一。

但是記憶中，這傢伙開始並不是那麼「捧場」，不像其他人，早已登記排隊，要我帶他們去大甲牽部拼裝車。

一直到他的同窗好友舜晟買了兩部相同地腳踏車，一部給他，一部自己騎。我們邀約了一群朋友，組成了一個九七車隊（1997年1月1日成立），那天集合在中央社區下的至善路，經平等里，騎上陽明山，大夥兒在間榕樹下的餐廳發下宏願，車隊一定要騎遍台灣的東西南北。但印象中，車隊的成員，全員到期的就那麼一次。下回聽到有車友相偕騎車的消息，則是阿和從雲南發回來的mail。

他騎出去了，而我依舊在新店燕子湖旁打轉。

沒想到這個拍過電影、搞過劇場、帶著筆電的騎士，早已超越休閒，直接踩踏進了人生的旅程。

也或許一開始他那個看似不以為意，不太「捧場」的樣子，只是要告訴我：

「騎車，永遠一個人的事！」

溫和而固執的單車旅程

黃健和是我的朋友當中鮮少聯絡卻又感覺親密的一個。我想我們之間的連結，除了我們都是愛電影、愛紅酒、愛讓人聽到我們真實年齡後，露出不可置信表情的老男孩之外，最重要的就是單車了。

我們的車齡相當，他踩踏過的區域之遠及廣，與動輒就出發的勇氣，卻屢屢讓我體內那個深感老之將至的少年，羨慕、嫉妒、佩服，並且有些受傷⋯⋯

我很珍惜這個朋友，他的個性溫和而固執，他的旅程往往也是如此，單車給我的感覺也是如此，我們的友誼亦是。

正在印度療傷卻仍盡責交稿的豆子Namaste～

2008/10/27

放縱浪漫的中年單車旅人

認識阿和是在上個世紀了。

那幾年，我是騎過台灣山海城鄉、異國郊野村鎮，以單車踏騎開創出新形態旅遊報導的報社記者，一封沒有「我愛紅娘」樂音搭配的陌生e-mail，以對「卡打車」相同的熱愛，搭起兩個「少年歐吉桑」間的友誼橋樑。

此後，「Biking Somewhere」的旅行手記不時傳來，一會兒北宜、南橫、花東，一下子上海、東京、阿姆斯特丹，身體的疲累，不減單車旅人對異國獨特觀察的細膩；不設限的情境體驗──法國酒莊的微醺甘醇、北京胡同的油餅豆漿，酒肆中的頹廢放縱，總能形塑出鮮味誘人的旅途繽紛。

透過他生動的文字同享旅趣之際，對這個當時無懼失業還如此寵膩自己的男人，開始懷疑最初的「搭訕」，恐非因我前無古人的報導題材吸引，只為讓我咬牙、流口水，慨嘆命運大不同。

氣喘吁吁騎上山，只為一杯卡布奇諾；忘了帶坐墊仍以超古怪的姿勢逛福山；四十歲還能選擇失業在法國逍遙踩踏四十天，那荷蘭、日本、上海的鄉間、巷道，總要雙輪滾過才覺踏實而非霧裡看花，看的是風景、是歷史、是現世生活的五光十色。這個愛電

影、愛紅酒、嗜咖啡的男人，竟能無懼前中年危機，放肆迷戀單車得那般令人忌妒！

「一開始，只是單純的喜歡騎車，讓人重返無憂的童年，享受身體全然的運作與放鬆，迫在眉梢的瑣碎在輪轉間自動遺漏」，「騎了車才發現，原來延平北路有九段，碧潭吊橋後是直潭淨水廠……」，越來越愛翻地圖，「像是小學開學發新課本的興奮，期待發現新世界」。終於有一天，「下回出國旅行時可不可以帶單車」的念頭湧現，一發不可收拾。

改採單車為工具的旅途老鳥，阿和這樣看待單車旅行，「一定要等到單車影像劃過，氣味、溫度、節奏、色調一一加入，整座城市才逐漸清晰鮮活起來，讀過的歷史、看過的電影、初識或重逢的友人陸續登場，故事於焉開始」。

的確，單車可以是單純踩踏御風的快感，但也絕對可以不止於此。

一如過往報導所抱持的初衷，坐墊高度上的旅行視野，可以是風、是景、是人文、是時間長流的匯聚，是更多無限的可能；這也是我帶著稚齡孩子從踩踏健身玩樂，延伸至單車環島、尋找金門風獅爺的旅行基調。同樣的天寬地闊，嘉南平原與鹽分地帶仍有差異；同樣的海濱，東岸與西岸的浪濤拍岸，有著不同的聲響與律動；同樣的稻田，有著

不同的氣味；在宛若尋寶遊戲的趣味中，見識到金門村落風獅爺竟有著如此豐富的千姿百態，巷弄間的風與人情，又是那般截然不同於都會。更有甚者，發覺流汗或淋雨後的熱水澡，竟是如此舒服；辛苦爬坡後必有暢快下坡的回饋……

這一切，阿和的單車旅行中，無一或缺，深刻的觀察、品味，還多了我所羨慕的醇酒、美食、隨性悠哉、恣意浪漫；單車與旅行的組合，或是一本雋永的書，或是一部膾炙人口的電影（還自己過了當電影明星的癮），更多更廣更令人驚豔！

「平常即使不是行動派的效率人士，但事情一與單車有關，就會像吃了菠菜的大力水手」，阿和如是說。

的確，踩下踏板、自在如風的感覺出現，單車旅行的樂趣就開始無限延展，從初起時的生澀逐漸蛻化成遊刃有餘，連當初畏懼的長程與上坡，到後來都會像阿和所形容：「寂靜的爬坡道，看來是這群人的搖頭丸，越陡越狂喜、越長越快樂」！

這樣精采的單車人生，再套句阿和的結尾慣用詞——如何？下回要不要也來？

附註：阿和，我當然想來，但這麼多年來，你都只讓我「望文流口水」，哪次才能也讓我一起嘗嘗放浪的滋味？

如果沒有你……

如果沒有你……

日子應該還是可以過，但可能會平淡而無趣吧！

其實，已經不太能想像沒有單車的日子。

有單車之前與之後，似乎是兩種不太一樣的人生。比如說在擁有單車之前，去旅行常是挑個有趣的城市，如京都、巴黎或紐約，一待十天半個月，要將這城市玩出些私房氣味方肯罷休。基本上，是個點狀的玩法。

有單車後，活動力似乎增加許多。旅行常會帶上單車，甚至以單車為主的旅行模式。旅行逐漸變為一種線性或環狀玩法。

兩種旅行各自好玩，但節奏及心情卻已截然不同。

有台單車擺在家中，似乎人生就多了些希望。

是那種騎個單車去上班，這天就會開心一些。假日騎趟山路，這個周末就不算白過。而諸事困頓沮喪時，便開始規劃今年的單車旅行，立即，日子裡就多了期盼與能量。

將車胎打足氣，路上就會順暢許多。將鍊條齒輪清洗上油，爬坡時就讓人紮實有勁。將車擦拭潔淨，騎乘時便可領略路人們艷羨的目光。

有台單車，生活變得簡單而明朗。

但，可不可以有第二台單車？

很長的一段時間裡，都是以著同一台單車騎乘各種路面，進行各種活動及旅行。曾經想過一台單車若能騎上一萬公里，那真的再貴也算值回票價。沒想到的是第一台單車，竟然就在騎過一萬公里後遭竊。

之後，買了台登山車，用來通勤，騎乘山路及島內旅行。

買了台旅行車，用來騎乘超過五百公里的長程旅行；騎了半程環法後，可以任著想像飄遠：下回是續騎法國，進行從巴黎到波爾多的〈波爾多摘星之旅〉；還是來騎騎義大

利，從托斯卡尼一路渡海到西西里聽起來似乎也不錯……

買了台摺疊車，用來騎乘市區，進行火車小摺或渡輪小摺之行。搭高鐵去台南，吃喝個周末，是不錯的選擇。坐上飛機，去離島穿梭攀爬，亦是有趣。

還買了輛中國名車：上海鳳凰牌鐵馬，穩重安心的在京杭大運河路上踩踏。

那要不要再買台公路車呢？那台夢想多年的義大利Bianchi如何？不急不急，路還漫長……總有一天吧！

但每台單車，都要騎過一萬公里喔！告訴自己。

騎車騎得越久，騎乘速度反倒是越來越慢；不光是騎乘這件事，重要的可能是要騎出不同的滋味。

可以是登高，騎上不同的山路；可以是望遠，要騎到那世界地圖上，尚未拜訪過的遠方。近來，輕鬆自在隨性許多。那也可以是尋味，騎去吃個肉圓，或到蘇格蘭嘗嘗高地威士忌也是不錯。輕遊亦佳，騎個小摺，走訪小鄉小鎮也挺快活。

但每回騎乘都要帶上本書吧！帶本《江南古橋》，那騎乘京杭大運河時，便可領略昔日詩詞裡的韻味；走訪日本箱根半島，讀著《伊豆的舞孃》，年輕的川端康成就在溫泉小鎮裡伴人漫步；帶上《白牙》去騎阿拉斯加，亦是另一種壯麗吧！

如果沒有你……

親愛的，這真的教人無法想像。

答應你，不是天涯海角，便是地老天荒。

Contents

Act 3 尋味：聞香覓酒

Act 4 輕遊：小摺慢騎

Casati登山車

│前後避震│24段變速│友人贈送│
│1994－2000│碼表里程：10,000公里│

從貓空到巴拉卡，從五指山到阿里山
法國土魯斯旁的中部運河，巴黎慢騎
2000年，在政大體育館停車場失竊

長大後的第一台單車是友人S所送的生日禮物，兩個前中年期男子藉著騎車這事，彷彿重返童年。

原來，你所熟悉的城市，還有眾多的小路、山坡是你從未發現。

原來，避開尖峰時刻騎車上下班，會讓人心情全然轉換、全然放鬆。

原來，這登山車前三後八、二十四段變速的設計，是讓人可以騎上山坡、騎上陽明山。

原來，單車可以帶上飛機出國旅行；於是在你所熟悉的單車陪伴下，異鄉的美麗風景，你可以像是騎個單車去超市買份報紙般的自在。

而騎在車上的你，亦成了這城市這鄉間裡劃過的悠閑景緻。

但，騎過七年的這台Casati，走過千山萬水，碼表終於突破一萬公里之後，卻在去政治大學上進修課程時遭竊，消逝於你的眼前，從此不再出現於你的生活之中。

能說什麼呢？

唯一能說的或許是：這美好的路，我們曾經騎過。

Act 1

登高：
緩緩而上

爬坡，是成長的開始。
——Taipeibiker

五指山尋找海倫

Biking Helen

這條產業道路彷彿是單車騎士的私家路，車少人稀，綠意盎然成蔭，陽光稀疏地從林隙間灑下幾分暖意。路面逐漸升高，踩踏速度漸緩，汗水在肌膚與排汗衣之間滲出。風拂面，鳥輕鳴，驀然回首，台北市已然在山腳下忽隱忽現。

單車有夢

多久沒騎過腳踏車？嗯，或者該問，會騎腳踏車吧？！

一開始，是友人送了一台單車當生日禮物。騎上單車，有種重返童稚時期的開心；踩著踏板，那些單車學步的回憶逐漸被喚起；坐上高起的座墊，原來是這麼一小塊座椅，而視野已全然不同；迎風前行，那陌生的速度感（不是開車的快速，不是走路的匆促），卻教人領會何謂悠閑。

於是你開始尋找在這城市中，可以騎乘的路線。每個周末，你興致勃勃地邀約友人，互相告知新發現的一條路線。或是開著汽車載著單車，起個大早地鑽入山林之中，讓那綠意清新洗去一周的工作煩躁；或是黃昏時刻，與友人相約在某個咖啡館，騎著單車去小酌小聚。

然後玩出了興致，在城市四周尋找更高更遠更幽靜的路線，或是更繁複的目的組合。於是騎上烏來去洗溫泉，騎上陽明山去賞花，騎到北橫去玩高空彈跳……想起高中畢業時沒完成的夢想：單車環台。

甚至想要騎著單車到國外旅行：是夏天該騎過的北海道薰衣草田，是秋天北京西山的楓紅及胡同裡的穿梭，是德國萊茵河畔的蜿蜒，是法國勃艮地酒莊之路的葡萄芬香，是荷蘭阿姆斯特丹在運河縱橫之間尋覓著梵谷的足跡……

夢終就會醒，人亦得回到現實。再回到你所熟悉的城市，一切依然，但你帶著較寬容的目光看著他，沒那麼醜沒那麼不堪；你發現他自有份踏實的自在，你發現他在默默地努力做的更好。

　　或許我們能做的，依舊是每個周末的單車邀約：這個城市仍有著許多陌生與未知等待著被發掘，而騎在單車上讓這城市自成一風景，騎乘之後的咖啡館小酌，與友人相聊，自有一份安心。彷彿彼此在六七十歲之時，仍會邀約騎著單車，仍會到家咖啡館聊著種種瑣事……

Just another weekend

　　「這個周末去那裡騎啊？」

　　「前幾天去三芝，北海福座那山上有家圓山草堂咖啡館，看起來挺過癮的。但中午有事，可能下回兒再去騎。」想來是得花上個大半天的的騎乘路線。

　　「那這禮拜要不要去騎五指山？」西瓜在電話那頭問著。

　　「可以啊，那就明天七點在故宮對面的7-Eleven碰面了！」

　　這是周五夜的車友例行對話。

　　周末上午，開著家中的小破車，載著單車往外雙溪方向前進。

七點，在故宮前的路邊停好車。將單車從後車廂中取出組裝，清晨的至善路人不多，倒是三五成群的單車騎士已一組組的馳乘而過。彼此相視，有份共同族群的善意笑容，不必多說，僅需抬手招呼。

　　7-Eleven前仍無單車蹤影，安心地做著自己的暖身。

　　「咦，Lorik他們還沒到嗎？」Fung出現，今天還有個自己沒見過的車友——小黑。

　　七點半，Lorik與西瓜到來。五台單車，三男兩女，上路。

　　假日清晨的至善路有份溫柔，車少坡緩，將人迎向山林之中。

　　出發時的五人隊形，在爬坡時便是各自散開。時而與周遭的車友小聊幾句，時而奮力踩著踏板，努力的克服地心引力。更多的時候是獨自一人，你看著前頭遠方車友的背影，你回首亦有車友於身後緩緩前行。外雙溪的綠意讓人靜下心神，晚春的陽光已有些熱力，曬開你那久處於辦公室冷氣空調之中的髮膚。你抬頭，看著那許久未曾注目的藍天白雲；而原本隱隱作響的蟬鳴聲在過了往中央社區的外雙溪橋後，突然開始交響樂般地大合鳴。

　　在楓林橋小歇，大伙兒重整隊形。此處右轉之後，已無退路，一路盤旋向上直登五指山頂。

開心的汗水

「讓我最開心的事，就是運動。」

進入雙溪產業道路，和Lorik小騎一段。Lorik開了間工作室，做Graphic design，周一至周五的室內工作，讓其對每個周末的騎乘充滿期待。看著她嬌小的身材，卻能量飽滿的踩踏，三兩下便消失在轉彎處。

是先要把單車當成是運動吧？對自然的渴望，對汗水的眷戀，這之後方有著所謂的悠閑自在。

這條產業道路彷彿是單車騎士的私家路，車少人稀，綠意盎然成蔭，陽光稀疏地從林隙間灑下幾分暖意。路面逐漸升高，踩踏速度漸緩，汗水在肌膚與排汗衣之間滲出。風拂面，鳥輕鳴，驀然回首，台北市已然在山腳下忽隱忽現。

調整著自己的呼吸，眼前是條大長坡。身上的每塊肌肉均同時高速運轉，手輕握著車把，臉面咬牙緊繃，齒輪已換至低速大齒盤，但車速依然由十下降至八公里，站起身子踩踏，大腿肌帶動著小腿，足踝腳底清清楚楚地感受著其間的相連運作。額頭的汗水往前劃過胸部，往後流過背肌腰桿臀部，吸氣向前踩過最後一個大坡，汗水淋漓之際突然明瞭武俠小說中的「打通任督兩脈」之快感追求。

尋找海倫

　　中場休息，在抵三叉路口時。西瓜在前方已全然不見蹤影，稍等一下後方車友，以免待會又彼此走失。

　　「咦，你怎麼會在這裡？」穿著勁裝騎著公路競速車的一名單車騎士繞了回來。

　　竟然是在法文班的同學Phillipe。和一群車友從桃園上來台北騎車，第一次騎這條路，車友們已不見蹤影。

　　「這條路騎到底，是到那裡啊？」

　　「山頂是五指山，我們從士林上來，待會兒左轉可到萬里，右轉就往內湖走了。待會兒到山頂喝杯咖啡吧？」

　　是的，山頂有台流動咖啡車，傳說中的海倫咖啡。

　　Phillipe半信半疑地聽著解說，拿出手機與失散的車友們連絡。

　　終於上山，五個人拖拖拉拉，前前後後地抵達山頂。山頂是個奇特景象，一邊仍如所有台灣山區公路轉角，總有些烤玉米等小吃攤販聚集。但另一邊卻是一排露天咖啡座椅，可啜飲咖啡遠眺山景。最庶民最實際的經濟民生，最浪漫最夢幻的單車場景，在這山頂奇異相會。果然，非常台

灣。

　這五指山頂的海倫咖啡，顯然是在車友之間傳出了口碑。十三張露天咖啡桌，車友占據了一大半，另幾桌是騎重型機車的一群，各自井水不犯河水；而一家老小開車而來的反成了弱勢族群。

　點咖啡時的大排長龍，則是另一奇觀，此處儼然成了單車人的Starbucks。

　白色帆布涼傘在陽光綠林間一排散開，像極了一顆顆剛洗過的巴黎白菇。在傘下掛起單車帽，大伙兒懶洋洋地攤在椅中動也不動。真的也無須多話，騎車上山自有份攻頂的成就感。

　可以曬著陽光，任著山風拂過。

　可以呆呆地發怔，盯著不遠的白雲緩緩移動。

　可以到隔壁的小吃攤，補充一份Weekend Brunch。

　至於我呢？還是來杯榛果焦糖卡布奇諾吧！

本文刊載於TO'GO旅遊雜誌2002年7月號

海倫咖啡館

　　這間創立於1996年的行動咖啡館，以希臘神話中用黑湯迷住四方英雄的美女海倫為名。初期開得頗隨興，五指山頂，淡水河邊均時隱時現。常使人撲空，故有傳說中的咖啡館之稱。現今行動咖啡館已成另一流行風潮，四處可見。身為引領風潮的海倫咖啡館，亦開始其加盟事業，西門鬧市及台灣各風景區，均可見其蹤影。

海倫行動咖啡館
電話：02-26271022
營業時地：汐止五指山頂、周末7:00AM~17:00PM（請自行打電話確認，如果想一個人上山喝咖啡的話）

單車延伸遊走

五指山海倫咖啡路線，單程13.5公里，中級難度路線，連騎帶喝三小時可完成。集合地點可於故宮附近，至善路第四座橋楓林橋右轉即接雙溪產業道路，遇岔路均以指標內湖萬里方向前行。至山頂往內湖方向兩公里處即達海倫咖啡館。

中央社區路線：單程7公里，低難度路線。這條中社路有著仰德大道的寬闊，而無眾多車輛，適合想測試換檔及爬坡力的入門車友騎乘。

內湖路線：可由外雙溪上，內湖下。但若開車停於故宮，則由內湖回到故宮需面臨北安路及自強隧道車多的考驗。

帶一本書去騎車

《大台北都會百科全圖》戶外生活圖書出版
這本書太重，應是沒辦法帶著出門。但想要知道台北有那些山路你尚未騎過，這將是一本很好的工具書。

貓空概念
My Cat-sky

在後頭看著**R**與**W**埋頭苦騎，是吧，都要經過這麼一段過程。**800**公尺可以往左遠眺指南宮，或是右手邊的茶園；抬頭最難，要正面盯著那陡峭直上的坡度，而腳不能停歇，一停，體力與鬥志均將如大江東流水。

貓空是一座山，一座空無一貓的山。

貓空是一片雲，天空中如貓狀的雲朵。

貓空是一條路，讓人騎來如貓般的空靈。

從學騎單車開始 Bike as sport

沒有人是一開始就會騎單車的。

大多數的人在兒時，或是童年暑假回外婆家時，總是會找到學騎單車的機會。有人的經驗是笨重的鐵馬，幼小的身軀只能將腿伸過車架，人與車各向一方傾斜地前行；有人的經驗是輕巧的迷你跑車，流線的座椅，車把上加著流蘇，飛快地消失在操場的另一端；有人是嶄新的變速車，在眾人的嫉妒與不屑中，踉蹌學步。

十年二十年過去了。有一天你看著河濱公園裡悠閑踩著單車迎風前行的男孩女孩，你突然想起兒時騎車的樂趣，你突然有股衝動，想要買部完全屬於自己的單車，在假日時騎它一回。你開始發現，原來周遭友人早已有人陷入這股「單車熱」（Bike fever）之中；一次聊天時，你假裝不經意地將話題轉向單車，然後友人開始了他滔滔不絕的「單車經」⋯⋯

「單車的選擇很多啦！看你的目的及預算，不過我的經驗是先從一萬元

左右的登山車開始，先騎騎看，有興趣再慢慢玩上去！」

　「我們下回要去騎陽明山，你要不要跟我們去！」

　「還是我待會兒陪你去我熟的那家車行，他最近進了幾台前避震的車，造型很酷喔！」

　慢著慢著！你開始被搞得頭昏腦脹……

　一萬元的單車，單車什麼時候變得這麼貴，不是一千元上下就可買一部車嗎？

　騎陽明山？這……這誰說要騎陽明山了啊？大學時那台野狼都快騎不上陽明山了耶？騎單車……

　前避震？那意思是也有後避震……

　過幾天，你又忍不住好奇心，怯生生地打了個電話給這友人。這超級大忙人的朋友這天竟然有空，還很熱心的帶著你去逛車行，你也不知那根筋不對，竟然就衝動地買了台一萬元前避震的紅色登山車……然後，你的生活開始有了變化。

　每到周末前夕，這個朋友會打電話來約你隔天騎車。他很體諒你做了這麼多年的上班族，他放棄了一開始便帶你去騎陽明山的念頭。

「那，我們先去騎五指山的國軍公墓好了！」你只能乖乖地說好，至於那是什麼地方，你是一點兒概念都沒有。

那天你起了個大早，友人開著他的車來接你，駕輕就熟的將你那台「阿紅」掛在其車後架上。

開了大老遠的路，你來到陌生而安靜的墓園。那天有著陽光，你在墓園裡的坡路上騎著車，友人於一旁指點著，何時該換檔，何時該加速；你從忠一路騎到孝九路，從士官四區騎過尉官二區來到上校六區。你開始流汗，你開心地一圈繞過一圈；你發現坡路原來是可以用換檔與耐力來克服，你發現速度與節奏原來可以贏過地心引力。那天，你流下告別高中籃球場後就再也沒流過的大量汗水……

那天之後，你開始期待著每個周末的來臨。你等待著友人的招喚，甚至你開始主動約著友人。你又騎了幾趟國軍公墓，之後，友人又帶著你去騎直潭燕子湖，去騎烏來桶後，去騎木柵政大旁的貓空……

原來，單車可以是代步工具，可以是一份悠閒，也可以是一種運動。

貓空練車記事 My Cat-sky

「貓空不好騎,有一段800公尺的陡坡;不過,只要那段撐得過去,之後就Almost like heaven了!」上路前友人一半警告,一半誘惑著。

第一回騎到小腿抽筋,半路就下來休息,那800公尺,倒有400公尺是推車上去的。第二回則專心盯著路面,放輕後齒輪,調整著呼吸節奏,任著汗水從額頭滴下,你竟然也就騎了上去。第三回,你有了信心也掌握了單車的律動,你知道挨過那十分鐘,這座山就是屬於你的了……

和友人在貓空騎車,有時會找家茶館,歇歇腳喝喝茶,算是給自己的獎勵。友人有時會帶著咖啡器具,找個涼亭,煮他個幾杯Espresso;聊聊各自的工作狀態,談談周遭友人的八卦是非。

這段路,其實每回都是挑戰;尤其你閑了一陣子沒騎車,這段路都會讓你很清楚地明瞭自己的體能狀況。但騎過這條路,整個人的視野為之一開;台灣的公路狀態多濃縮於此。有的坡路更長,但你知道可以花多久的時間騎完:騎上陽明山國際旅舍洗溫泉,要花七十五分鐘;騎上阿里山看櫻花,要花六個鐘頭。有的路更陡,但你知道你的體能調整得當都有機會克服:巴拉卡公路是可能的,騎北宜公路要挑個車少人稀的非假日上午,要騎上清境農場則需再練它兩個月……

後來，友人有了小孩，工作也越來越忙；騎貓空這條路算是時間最短，彼此最有可能相聚的時刻。更多的時候，你是一個人獨自騎著這條路。常是起個大早的清晨，你從家中出發，快速的騎完一圈，回家洗澡早餐上班，這一天才算真正的開始。

　　甚至去國外工作或旅行，回家之後，要做的幾件事，也包括騎貓空一趟；看著那一花一草別來無恙，路面依舊或是又新開了哪家茶館……彷彿總要再騎他一回，人方確確實實安安心心地回到了家。

　　Yes, this is my cat-sky.

騎車哪有不累的 The harder you climb, the happier you go down

　　「妳們真的要騎貓空嗎？會有點累喔！」回應著友人W與R的周末單車邀約。

　　「沒問題吧！我們都騎過平溪了也，貓空頂多是大一點兒的蛋糕！」R輕鬆表示。

　　那就來吧！

　　周六上午七點的政大，有份懶散的校園氣氛。

　　R住在市中心，六點的Morning call，她已在往木柵的路上；W住得最

近，六點半還一副慵懶語氣問著今天是否成行。

在早餐店簡單吃點三明治，等著兩位車友。

「貓空不好騎，有一段800公尺的陡坡；不過……」當年友人說的話，這回換自己來當解說員。兩人點點頭，上路。

過政大不久，可見往指南宮與貓空的指標。往貓空的路不囉嗦，指南路三段一個長坡直接迎客入山。清晨的這段路一派清靜，很難教人聯想這條產業道路長相的山路，在周末黃昏時上山喝茶用餐的車水馬龍。

穿過北二高下方，經過迷你的指南國小及其旁的烏鐵三玄宮步道，路迴轉攀升；原本嘻笑騎乘的R與W，亦安靜下來專心踩踏。路逐漸與北二高平行，再來是些許俯視。路旁是一排茶館的迎客招牌，是的，800公尺陡坡即將到來。

在後頭看著R與W埋頭苦騎，是吧，都要經過這麼一段過程。800公尺可以往左遠眺指南宮，或是右手邊的茶園；抬頭最難，要正面盯著那陡峭直上的坡度，而腳不能停歇，一停，體力與鬥志均將如大江東流水。想想這兩人也真厲害，從之前的遇坡即停，到相偕騎過馬祖，騎上平溪；看來，有一天，可以相約去騎北橫了。

涼亭小歇，之後已是輕鬆的高原路線。

一間間茶館仍是疲憊地掩著門，連狗狗都是懶散的躺在路中央，要等單

車逼近到某種程度，方不甘願的起身讓路。有下山的單車情侶，及兩三組長青山友，也有打著赤膊跑得比單車快的中年男子。

上山有多累，下山就有多爽。騎山路，約莫如此。

動物園旁喝咖啡 It's a good idea！

Café Cat & Cake尚未開門，這下該如何是好。

去動物園走走吧，那兒的商場Zoo Mall方開幕不久。

走於其間，有點兒走在國外遊園地的氣味；由大自然的清新回到商場所刻意經營的歡樂氣氛，反差頗大。但畢竟是城市人，騎完單車可以喝杯咖啡就可心滿意足。

概念咖啡，聽起來是個好主意！

「如何？這趟貓空還好嗎？」問著W與R。

「有點累但還可以啦！」W說。

「最近比較不怕爬坡了，每條山路都是一塊小蛋糕。雖然偶而大塊，偶而破碎，但都是甜美的蛋糕。」R又回復了平日的嘻笑神態。

本文刊載於TO'GO旅遊雜誌2002年8月號

註：大一點兒的蛋糕：It's piece of cake，是R的口頭禪，當然是直接講中文，通常語句為「這很簡單啊！ 一塊小蛋糕而已！」

2008年補記：Zoo Mall的概念咖啡館已經歇業，想喝咖啡的朋友可以試試北市指南路三段40巷6號的貓空間。貓空纜車通行後，假日人多車擠，請慎選時間。

帶一本書去騎車

《戀戀台北行道樹》 台北市政府新聞處
是為了想擺脫植物盲的惡名，是為了讓騎車多一些細節，你發現藉由這本書，你開始可以叫出一些樹木的名稱。

登高：
縷縷而上

Bike2 烏來高309公尺

深秋烏來春水暖

Biking Ulai for the Hot Spring

騎上單車，你的視野與坐在車中或走在路上截然不同，單車的滑行速度與坐墊高度，讓
觀點與節奏均有一種難以言喻的流暢感。你握著車把，你踩著踏板，你呼息著深山林中
秋後的涼爽，你看著遠方的山巒，陽光斜灑的路面伸展進無盡的寧靜之中。

一塊兒騎車好嗎？ Shall we go biking？

真的，只是想邀你騎趟單車……

為什麼？這樣問很奇怪耶！

秋天是個適合出遊的天氣，就是出去走走！稍稍地離開酒精慾望瀰漫的Lounge Bar，走進山林之中，看看許久未見的滿山蘆葦，呼吸一下不同於辦公室中央空調或健身房中強氧的自然芳香。騎騎車、流流汗、曬曬秋老虎、洗個溫泉，如此而已。應該是說，Pourquoi pas！為什麼不呢？

去那裡？可以去的地方太多了！

台北近郊可騎之處甚多，烏來桶後就是個不錯的地方。車少人稀路平坡緩，你隨著山路蜿蜒騎乘，桶後溪一彎清澈沿路伴隨！更別說這幾年推陳出新的眾家烏來溫泉會館，從日式到南洋風情，從平價到奢華體驗，任君挑選。

什麼時候？問得好。

其實最棒的時間是挑個大伙兒都在工作的Weekday前往，那假日擁塞的新烏路方回復清靜樣貌，教人得以細細品嚐。但上班族的宿命總難逃避，還是挑個周六前往，只不過得起個大早！多早？早上六點吧！

還有誰？Just you and me.

別搞得太複雜，試過多次的車友邀約，人越多變數越大，工作與生活中已有著太多無可奈何的等待。騎車，還是單純些的好。

怎麼去？騎車去啊！

放心，那只是一個夢想！ 從台北騎上烏來騎進桶後，不是不可能，但那已屬挑戰級專業路線。就安心開著四輪載著二輪去囉！

周六清晨新烏路 Driving on Saturday morning

多久沒去過烏來？有沒有試過清晨走過這條新店到烏來的新烏路？

會是個周六清晨，整個城市都還停留在前一晚的縱慾之中，一切慵懶。車過新店捷運站，早起的人比你能想像得還多，是的，不同的生活不同的族群。捷運廣場前是全副裝備的登山健行族，紅通臉頰的歐巴桑歐吉桑們即將展開這一天的探險！旁邊是青春洋溢相約郊遊的高中生，嘻笑聒噪到教人不敢回想自己的輕狂歲月。

從四線道的北宜公路第一個紅綠燈右拐，已是新烏路，城市山林，場景立即變換。烏來14公里，路標上這麼寫著。兩線道的清晨山路有著份安靜，可以搖下車窗，讓那充滿朝露的空氣自由流竄！路旁鬱綠的相思樹林

正輕輕喚醒賴床的陽光。

開過花園新城，那眾多友人居住之處。大轉彎處是個釣魚池，清晨的釣客正與著早起的魚兒推理纏鬥。路邊出現赤裸裸的廣告招牌「不純砍頭」，只不過是賣個蜂蜜嘛？有必要搞得這麼嚴重嗎？

燕子湖的碧綠映入眼簾，路上已有全副專業穿著的單車騎士，減速開過其旁，喊聲「加油」為其打氣，他們會帥氣地豎起大拇指彼此鼓勵。

過下龜山橋，台北的水源地——翡翠水庫已在路的左方。新烏路開始有著原住民的氣味，路邊低矮的路牆以泰雅族的飾紋裝扮，一些泰雅風味小吃亦一一露面。一個左彎，南勢溪在山巒襯托下灑脫登場，溪水清澈巨石磊磊，遠方的巨龍山莊的紅瓦白牆，正式宣告：烏來已近，歡迎來到溫泉鄉。

秋寂桶後 Tranquil Tonho

還記得烏來的長相嗎？是記憶中銀瀑垂流與纜車交會，是雲仙樂園與蹦蹦車，或者是那開闊平坦的停車場？是的，這兒伴隨著每個台灣人的兒時

記憶。

車子得開進溫泉街，過小橋立即左轉，這天要去的是你可能有些陌生的桶後。車往山林中前行，路面已是考驗會車技術的產業道路寬度，人與車均為山的蒼翠所圍繞，路邊的櫻花孑然一身等待著來春的綻放，偌大的筆筒樹彷彿觸手可及。

見派出所即可停，烏玉檢查哨，是的，得辦個乙種入山證，十元換個「晉太原中武陵人」的觀光簽證。

就從這兒開始騎車吧！你鬆弛下筋骨做一回兒暖身，待會兒，你的車僮自然會將單車裝好調整完畢，請上馬。

「這兒開始，都沒有爬坡了嗎？」你這麼問著。

「小姐，你真的是一點兒小坡都不願試試嗎？」你的車僮無可奈何，嘗試著鼓舞起你的鬥志，當然一點兒都無效，那就再多開個5公里路吧！那之後可真的是一點兒坡都沒有了！

騎上單車，你的視野與坐在車中或走在路上截然不同，單車的滑行速度與座墊高度，讓觀點與節奏均有一種難以言喻的流暢感。你握著車把，你踩著踏板，你呼息著深山林中秋後的涼爽，你看著遠方的山巒，陽光斜灑的路面伸展進無盡的寧靜之中。

路面右傍山左臨岸，往下一探桶後溪在鬱綠相思林與蒼灰礫石間畫上一筆留白！山路迴轉，小橋流瀑在林間自成風景。你輕快地騎著單車，你赫然發現一路相隨的桶後溪越來越貼近路邊。河床邊是幾頂鮮艷的帳篷，更懂得生活情趣的露營族，在淺瀦溪水上緩緩散步。

　　路與溪終於相會，你隨時可切到溪畔，一掬秋日的冰涼。見著造林地時，桶後已近尾聲，可以坐在溪岸堤邊小憩，也可在路盡頭的吊橋上小坐一會兒。而你的車僮若夠聰明夠體貼，應會記得帶著兩顆蘋果及一小盒巧克力。這一切彷彿只是要重新拾回兒時遠足的樂趣而已。

溫泉是一定要洗的啦 Too many hot springs in Ulai

　　陽光伴著人聲逼近，你見著一台小轎車一輛吉普馳進岸邊，當小孩們的笑聲傳進耳邊，你知道桶後的寧靜已打上句點，是該折返人間了。

　　烏來半日遊還該做什麼？溫泉是一定要的啦！

　　近幾年哈日風起，溫泉當紅，泡湯成了全民運動。在烏來，各式溫泉會館約莫是以每月一家的速度開店。每家均領一時風騷，但你知道再怎麼多的選擇，你每回也只能泡上一家。

　　所以這回該選什麼呢？

是巨龍山莊的平價怡人？是美人湯的婉約細膩？是泰雅達利的華麗場景？或者是碧綠沁人的春秋烏來？

　　這就交由你來抉擇吧！
　　如果，你願意騎這一趟單車的話……

本文刊載於TO'GO旅遊雜誌2002年12月號

帶一本書去騎車

《黃昏清兵衛》藤澤周平，木馬文化
在烏來泡著溫泉，在南勢溪畔讀著日本時代小說，其實過癮。彷彿時空已移轉至日本幕府時期，而下一刻落魄的真田廣之就拎著澡盆掀簾而入。嗯，該找個時間去日本騎車洗溫泉才是。

崇德街
Heaven's Road

崇德街320巷後，開始是上坡路。坡不算太陡，但見碼表上的時速由平路時的**30**公里而
20而**16**、**15**、**12**。平房逐漸為樹木、坡地所取代，原本雜亂的屋宇顏色亦由一絲綠意
擴散成主色調，再加上幾許清晨的白霧；浮躁的心情倒隨著高度的爬升而轉為沉靜。

「每天上天堂是什麼滋味？對自己而言，是汗流浹背通體舒暢，並確定自己對人間的依戀。」──Taipeibiker。

清晨，再度醒來。天色是熟悉的朦朧，那種整個世界均處於安祥的慵懶之中。從枕頭下拿起手錶，06：30，很好，這教人愉悅的生理時鐘。

刷牙洗臉，洗去那一絲殘存的睡意。換上短褲，打了個寒噤，今年的秋天比往年涼了許多，還是先將風衣套上吧。綁上頭巾，算是著裝完畢。

在前院做著暖身，提手擴胸轉身，從一到二十，專心地數著。轉踝劈腿下腰，有些恢復青春期的柔軟度；爆發力大概是回不來了，但耐力則猶勝於昔。

牽出單車，水還有半瓶，應該夠了。戴上單車手套，將碼表歸零，小腰包繫好，行，可以了，上路吧！

不到七點，辛亥路上已開始有著三三兩兩等著公車的高中生。加快速度騎過辛亥隧道，興隆超市旁右拐樂利路，一路綠燈直下。後輪換高速檔，奮力踩著；看著手錶，快七點了，要避開那準時浮現的通勤車潮。直到過了和平東路，才敢放慢速度，遠遠地瞧見「六張犁饅頭店」，到這兒就沒問題了。

紅綠燈右轉，幾乎所有的轎車機車均是繼續南行往基隆路前去，這一右轉，崇德街迎面而來，大樓車流公寓均棄於身後。像是個六〇年代的場景，福德宮、磚房、蜿蜒而上的產業道路；一、二十公尺後，已是鄉間的沉靜──引擎聲喇叭聲及擾人的廢氣，像是一同說好似地悄悄退場。

　　但這鄉間景象也不那麼全然的農村台灣，路頗窄，而路旁矮房前幾位老先生已坐在涼椅上開始聊天拉呱，一位大娘端著口杯嘟嘟嚷嚷自顧自地在路上閒踱，倒有幾分像是闖入了眷村的迷魂陣般的巷弄之中。

　　崇德街320巷後，開始是上坡路。坡不算太陡，但見碼表上的時速由平路時的30公里而20而16、15、12。平房逐漸為樹木、坡地所取代，原本雜亂的屋宇顏色亦由一絲綠意擴散成主色調，再加上幾許清晨的白霧；浮躁的心情倒隨著高度的爬升而轉為沉靜。

　　「加油，年輕人！」幾位中年慢跑族由轉彎處浮現，有著運動老手的自在；自己亦做輕鬆狀地豎起姆指招呼。有點兒羨慕，為什麼自己卻總只能一個人騎車呢？！

　　咦，遠方跑下來的是一名勁裝女子，白遮陽帽、藍背心、灰色慢跑短褲，掛著隨身聽，窈窕佳人，山路上自成風景。

地藏王廟，再來是極樂墓園，開始了，這段天堂之路。一抬頭，是六張犁滿山滿谷的墓地。是這幾年清明較常陪老爸回台中掃墓，每回總得在大半片山中找著列祖列宗的墳墓；再加上巴黎蒙馬特、日本鎌倉、美國密西西比拜會過幾位心儀之人的墓園。幾年下來，倒也練出了點兒膽識。白日騎過墓園，偶而佇足，看一下墓碑上的堂號，一個年代一段歷史，一個名字一個人生。

　　再來是「回教公墓」，在騎過崇德街之前，回教似乎只是新生南路上的清真寺，和平東路上的黃牛肉店，與生活並無太大關聯。這之後，每回總會多瞧幾眼，那造型獨特的圓拱墓園及崇德寺的白塔。前陣子讀了白先勇《我的尋根記》，赫然發現他家墓園亦於此。他的小說是伴著自己成長的故事，他的父親白崇禧則是段遙遠而不熟悉的歷史；頓時，現實與故事隨著陽光昇起而閃爍，全然不知孰者為真。

　　繼續往上騎，開始有著機車劃破這寧靜，一個個年輕學子模樣，想來是中華工專學生們的通學祕徑。

　　經過崇德寺，到底是先有路再有寺，或者是路因寺而名？！

　　崇德街街底小歇，其實不累。但這兒可回頭看清楚你一路騎上的彎曲

山路，可看到那滿是墓地的山貌，看到捷運在大樓丘陵間的穿越，看到北二高上緩慢前行的長龍；遠方是遠企的雙塔，遠方是朝陽下預備忙碌運轉的台北市。靜靜地看著，似乎想了很多事，又似乎一片空明；彷彿可以遠離，又彷彿可以投入。

喝了口水，繼續前行。騎上了高地，景色略有不同。仍是墓園，但墓與墓間整齊有致地種著檳榔樹，有份清香在空氣中流動著。讀著「皖北千秋墓園」上的碑文「……不知死焉知生……」是的是的。

到了三岔路口，一往南港，一往木柵，都不是這個清晨該做的事。原路折返，6公里的下坡路，風馳雷電而下，天堂返回人間，原來是如此快速。

提醒自己，待會兒得在「六張犁饅頭店」買幾個剛出籠的花捲回家，伺候家中剛醒的上級指導員。

回到人間世，當處人間事。是吧！

帶一本書去騎車

 《昔我往矣》白先勇，香港天地圖書
多久沒重看白先勇，一半是青春記憶的回復，一半是漸漸可體會那書中人物的心境。

新世紀福山戰士

裝後輪，上剎車線，前輪，車胎的轉動頗為順暢；

嗯，車子似乎還少個東西，但怎麼車廂裡不見蹤影呢？

是在後座嗎？也沒有……這，不會吧？！

我我我竟然忘了帶坐墊，而且是兩根坐墊都沒帶……

該如何迎接一個新世紀的開始？

當然，與友人在山林中騎單車度過是自己的第一選擇。

前一晚是喧囂熱鬧的千禧鬧鐘派對，

血液中仍是濃度甚高的威士忌，與凌晨三點的那杯「夜班咖啡」，

深夜的捷運人潮似乎是夢中的朦朧畫面，但竟也早早醒來，

彷彿是聽見我的祈禱，上午九點，已是個陽光乍現的天氣，

決定不理會那些臨時胃痛及突然自閉的車友，

起碼還有著兩位數年不見的車友，及兩位勇氣可嘉的菜籃車友人，

和王小姐，將家中兩台單車拆置於Trunk，興奮地開車往烏來駛去。

福山停車場，預定的集合地，拖拖拉拉及小小塞車抵達時已是11：00

五台汽車，八個人一條哈士奇犬，六輛單車，也算是小有規模。

各自換裝，裝車，打氣，暖身，

先幫車友們處理完後，開始裝自己和王小姐的車，

蠻開心的，終於可以和友人們一塊兒騎車，而不只是獨善其身，

裝後輪，上剎車線，前輪，車胎的轉動頗為順暢，

嗯，車子似乎還少個東西，但怎麼車廂裡不見蹤影呢？

是在後座嗎？也沒有⋯⋯這，不會吧！

我我我竟然忘了帶坐墊，而且是兩根坐墊都沒帶，

回頭望著正開心地和友人聊天拍照的王小姐。

（是好不容易才讓她相信，這是趟玩耍性質多過於運動的單車行⋯⋯）

看著阿祥、晶文兩個車友先行出發，

提醒著Mumu，Arwin兩位菜籃車族，5公里的緩升坡，慢慢騎。

該自己了，上路吧，沒有坐墊應也可以騎個一小段吧？！

（還記得那年環台賽那位美國老兄，幾乎是一路沒沾座墊的騎上阿里山；幾本Tour de France環法賽的老攝影集中，那些拿破輪扛車架的壯烈場面）

試試看吧，能騎多遠算多遠，總得陪騎一段，畢竟是自己吆喝號召的。

這樣吧，就算是某種特訓「無坐墊爬坡重量訓練法」，幫自己打著氣，

王小姐決定安心地當救援車司機，半是擔憂半是嘲弄的神情，

上路吧！

看著路旁的南勢溪，看著陽光下纖毫畢露清楚無比的山林山勢，

假日的烏福路上，比自己想像中的要安靜，

是所有的人都在烏來前的溫泉，及雲仙樂園駐足，
這條路反是有著「晉太原中武陵人」的悄然。
騎過辦入山證的烏福派出所，右面是山壁，左手是綿延的櫻花，
五台單車各依各的速度前行，平坦時小聊，上坡時各自奮戰，
阿祥、晶文在陽光下，很快地拾回車感，
兩台菜籃車在五人一犬的輪替下，亦騎得不亦樂乎，
大伙兒在瀑布涼亭小憩，最難的5公里上坡終於過關，
無坐墊騎法竟然也混了上來，人的潛力果然無窮！

福炎雜貨店的中餐，溪蝦山產，在運動過後吃來特別香甜心安。
福山天主堂的迷你，成了幾個專業、業餘攝影的最愛。
福山國小，及其旁的蘆葦小徑，讓單車行有著郊遊的氣味。
折返，是15公里下坡路的幸福感。

那天，我們稱自己為「新世紀福山戰士」！

帶一本書去騎車

《福爾摩沙植物記》潘富俊，遠流出版
這本書頗適合島內的單車旅行，一邊騎過書中介紹的植物樹木，一邊發現原來這些植物竟是飄
洋過海而來，如玉蘭是隨著鄭成功部隊來到台灣。

單騎南橫
Biking South Cross

五點半，天漸暗；你才發現南橫是沒有路燈的。開始有一絲恐懼，偌大的山谷，只有自己這台配著小車燈的單車……抬起頭，月兒彎彎還伴著滿天的星斗。原來，沒有路燈才是正確的！你在星光下騎著單車，整個南橫這一刻彷彿就你一個人擁有；你開始唱歌，沒人喝倒采，整個山谷都為你回聲叫好。那刻，你忘卻了腳與腰的疲累，你開心地踩著，希望這條路就這麼一直延伸……

「沒關係啦，你先把工作忙完吧，下回再一塊兒騎。」安慰著友人W。

「不好吧！ 你要讓孕婦開著新買的Land Rover，開著山路跟在我們的後面？！」勸阻友人G的衝動。

「喔，你最近改迷重型機車了，好那就再看看囉！」友人S奇妙的回覆。

那麼，就確定是一個人的單車旅行了，有種鬆了口氣的篤定。

不知何時開始，你逐漸地被認定是那種單車伴騎、單車導遊的身分；或許也怪不了他人。平時你無精打采懶散的神情，唯有在提到單車時，眼神開始放出光芒，周遭的空氣亦逐漸加高溫度，你身旁友人有那種回到童年時光的氣味；問著別離多年的鐵馬近來可好？

「喔，現在是二十七段變速了啊！」

「什麼！大寶那台單車要五萬元，那不是跟摩托車差不多價位嗎？！」

（老兄，也有那種汽車價位的單車，騎車嘛？！豐儉隨人。）

「你真的單車環島過啊？！還出國騎車？荷蘭跟法國那邊比較好騎？」

大伙開始陷入某種不切實際的想像，結論常是——你下回騎車旅行一定要找我喔！

單騎逍遙 I don't mind to bike alone

是的，你喜歡騎車，也愛騎車旅行；不是那種橫越沙漠、攀登名山的雄心壯舉，是那種每回要找到某種趣味或是某種說法——可以是騎過好山好水，可以是去看燈塔、老樹甚至是尋訪小吃（試過「台灣環島肉圓行」、「越南河粉單車遊」，前者有趣後者是惡夢），甚至是酒莊、美食、溫泉之類的豪華單車遊。

當然，你喜歡和朋友一塊兒騎。騎山路時，你彷彿聽到在身後的咀咒與幹譙；騎乘一天的疲憊後，傍晚的第一口啤酒，你瞧見友人瞇起眼的滿足神情……

但，你也不介意一人獨行。

前些年的自由工作者身分，讓你有太多的時間騎車旅行；偶而朋友會加入，但更多的時間你得去發現與享受孤獨的樂趣。

2003年，不小心過了個驚濤忙亂的一年，那就放自己一個小假，騎趟車將這年打上個句點；也好心甘情願地來迎接看來是更加忙碌的2004年。

這回決定騎南橫，尚未騎過的一條公路……

南橫，台灣南部橫貫公路，長175公里，最高點2,722公尺。

火車、巴士、單車 Away from city

　　要如何離開一個城市，還要帶著你的單車？

　　當然，你可以跳上單車一路騎乘；稍遠些，可以四輪加二輪的方式前往；但超過一百公里外的單車旅行，就得考量火車、巴士、飛機等轉運問題了！

　　南橫，西起台南縣玉井鄉（是的，那個以芒果聞名的小鎮），東抵台東縣海端鄉（嗯，離知本溫泉不遠了）。看了地圖，決定西進東出，從台南騎到知本；單車看來是以火車運送最為簡單，人倒是可隨性些。

　　真的像是要上路了！人開始進入某種興奮狀態：工作上的請假與安排，家中植物的託人澆水照料，路線規劃與研究（是高度長度的拿捏，是小吃美食的考量，是住宿的連絡），甚至是要帶那些書當單車讀物呢？

　　提前一天將單車騎到萬華火車站託運，時光在火車站內部彷彿停滯，一樣的表格、程序，想來與父親那輩的單車運送是同樣情景，連站員的長相氣味似乎均數十年如一日的未曾變換——待會兒《戀戀風塵》裡的阿雲，會是在月台的那角出現吧！

　　回辦公室用e-mail & msn處理公事，晚上還有一場某資訊雜誌的座談得參加，但心思早已隨著單車在鐵軌上一路南下。

夜裡的承德路，依舊人來人往，有人是要搭車返鄉、有人是南下工作，自己則是忍不住那喜悅地暗自竊笑，跳上往台南的夜間巴士。

　　真的要離開台北，多久沒有旅行了……

一個人的南橫 Your own south cross

　　清晨抵台南，這個充滿各式美食的城市仍在沉睡當中。

　　出發前問了一位以台南為傲的友人，有無可能在上午吃個什麼早餐，再開始踩上踏板；友人盤算許久，那家牛肉麵太遠，窄門咖啡還沒開，吃肉圓又不當飽……嗯，去吃阿憨鹹粥再配碗虱目魚湯可也！

　　清晨六點，按照友人的指示前行。再等十五分鐘喔！老闆抬了個頭又回去熬他鍋粥；勿要緊，慢慢來。光聞那氣味，已知等待是值得的。

　　八點，火車站領單車。上車袋換車衣，到台南公園做趟暖身，十點上路。

　　台南永康新化，隨著台20線一路東行，人車漸少，綠意漸濃，那種混合著稻草與豬糞的台灣鄉間氣味，在嘉南田野中自有一絲甜美。

左鎮南化北寮，繞過玉井，台20乙線有種遺世獨立的從容。路邊小歇時，被七十歲的阿伯喚去拉水泥管上貨車，那種小時候喜歡在其中鑽進鑽出的那種。數十根水泥管是要做灌溉溝渠，就阿伯與卡車司機二人要搞定？單車縴夫加入，咬牙切齒也只弄上兩根。阿伯，這錢不能省啦，得再叫三個壯丁；我趕路在即，就此告別。

　　甲仙，整個鎮都在賣芋頭，芋頭餅及芋頭冰當下午茶，這也行。下午四點半，還有20公里路到寶來，可以嗎？這天已騎了60公里，最後20公里的山路，兩小時騎得完吧？！但山裡五點半，太陽就下山了喔！打了電話與醉月齋問路況及確認今晚住宿，換上風衣，走！

　　果然，是那種最教人痛恨在一天尾聲中的上坡路，但路面乾爽幾無車輛夫復何求。五點半，天漸暗；你才發現南橫是沒有路燈的。開始有一絲恐懼，偌大的山谷，只有自己這台配著小車燈的單車……抬起頭，月兒彎彎還伴著滿天的星斗。原來，沒有路燈才是正確的！你在星光下騎著單車，整個南橫這一刻彷彿就你一個人擁有；你開始唱歌，沒人喝倒采，整個山谷都為你回聲叫好。那刻，你忘卻了腳與腰的疲累，你開心地踩著，希望這條路就這麼一直延伸……

　　醉月齋在寶來的山巔。你用過晚餐，泡過溫泉，你絲毫不記得白天曾

有的自怨自艾。買瓶他們自家釀的梅酒，在陽台上看著弦月及寶來燈光在腳下的閃爍。有種慢動作的效果——你伸展身子，清清楚楚地身上每條肌肉的緊繃與鬆弛；你喝下一口濃稠的冰鎮梅酒，那液體緩緩由喉頭滑向胃部……

這樣的孤獨，可以接受否？！

就是愛騎車 Just bike it！

為什麼要一個人來騎南橫？

2004年1月1日，你獨自在南橫山裡面對永無止盡的上坡，忍不住又要問自己一回？！

前一天的寶來到梅山，其實是為了這一天的爬坡做暖身。梅山至大關山，1,014公尺至2,722公尺，這36公里路要騎多久？

沒有想的很確切，這種七八度的高難度的爬坡，體力好可能是10公里時速，也可能是6公里的慢速爬行；約莫是在三個半小時至六小時之間吧！

不去想著這教人腿軟的問題，你看著路旁的自然風光；近些，是沿路陪伴著你的行道樹，由聖誕紅到櫻花到桃樹；遠些，是荖濃溪在玉山山脈與中央山脈間的蜿蜒；山勢時窄時開……

騎車，其實是件簡單的事：你決定好目的地，剩下就是你和單車、路面之間的關係而已。上坡冒汗緩慢，下坡風馳暢快；每天騎四至五小時，中午要午休最好是睡個覺，每天能騎的就約莫是60至100公里間。這是你選擇的旅行方式，其間所見所遇的人時地物，美食好酒溫泉是讓每趟旅行有所區別，更有滋味。

　　是的，比工作容易，你騎故你在，每天騎多久就會騎多遠。

　　是的，比人生單純，大自然的變數遠比人際關係可以預料……

　　嗯，這天上午由梅山到中之關的20公里路騎了三個小時，有些不妙，這還是元旦眾多汽車遊客經過時為你的喝采……國家公園裡無處覓食，但這天野餐人數不少，每台車都搬下各自的野炊工具，這家煮麵，那家煮火鍋。他們露出不敢置信的神情，繼而熱情邀請共進午餐；熱食當然比袋中的乾糧美味，那就不客氣了。2,000公尺的高度，已有些山嵐涼意，飯後，厚著臉皮上他們的車，小睡十五分鐘。

　　繼續上路，路旁已是眾家檜木的高山景緻。腿與腰已進入某種麻痺狀態，但心情倒是輕鬆，15公里、14公里……你享受著這最後的爬坡。

　　1,710公尺大關山隧道，2,722公尺，高雄台東縣的分界點。在風衣裡加上厚衣，換上防寒手套。過隧道，迎接你的是南橫的夕照與雲海，還有這路

上唯一的行動咖啡館。

　　來杯熱巧克力吧！ 這美好的路你曾經騎過……

後記：

埡口至摩天的30公里路，是在雲霧與夜燈中的急速陡降。

摩天農場裡，除了民宿主人還有那騎著重型機車來會合的友人S。

知本老爺五星級飯店的溫泉，是南橫單車行令人愉悅的句點。

本文刊載於Traveller雜誌2004年春季號
並收錄於2007時報出版《旅行台灣》一書

南橫

路線

day1 台南—新化—北寮—甲仙—寶來　　　**80km**（夜宿寶來醉月齋）

day2 寶來—桃源—樟山—梅山　　　　　**30km**（夜宿梅山青年活動中心）

day3 梅山—天池—大關山—埡口—摩天　**65km**（夜宿摩天農場）

day4 摩天—利稻—海端—關山—知本　　**89km**（夜宿知本老爺飯店）

騎乘天數：**5天4夜**

總公里數：**264公里**

住宿

寶來醉月齋　高雄縣六龜鄉寶來村竹林60之10號　（07）688-1234

梅山青年活動中心　高雄縣桃源鄉梅山村55號　（07）686-6166

摩天農場　台東縣海端鄉利稻村摩天1號　（089）938-056

知本老爺飯店　台東縣卑南鄉溫泉村龍泉路113巷23號　（089）510666

美食

阿憨鹹粥　台南市公園南路168號　（06）226-3110

一蘭小吃部　高雄縣桃源鄉勤和村2-2號　（07）686-1326

帶一本書去騎車

 《旅行台灣》 蔣勳等著，時報出版

看不同的作者以各自的角度品味這座島嶼，其實頗為有趣。島內騎乘時，每天看個幾篇，恰好伴人安眠。

好想再騎一次阿里山

Ride it again, Joe.

阿里山，在台灣每個人從小到大都會去個幾次。

但騎上阿里山，嗯，這是瘋子或傻子才會幹的事。但看起來，這回就是一個傻子碰上了

一個瘋子。

「阿里山公路，編號台18線，從嘉義市至阿里山森林遊樂區入口，約80公里，最高點為海拔2,000公尺。」

人往上走，車往高爬

重新翻開當年的騎車筆記，搖搖頭，那時怎麼會有這些雄心壯志。看著那順序，貓空、五指山、直潭燕子湖、烏來福山、烏來桶後、汐萬公路、二格頭坪林、北新莊、巴拉卡公路、竹子湖……

真的，當年一定有病——那種Bicycle Fever單車熱。那種看到沒騎過的路，就眼睛為之一亮；看見那蜿蜒上坡的小路，就為之心跳加速，便忍不住想要去騎，彷彿將會發現那不為人知的天堂。

就這樣，或獨自或與車友，幾乎將台北市近郊的山路都騎過了一遍。那每個周六清晨，整個城市均處於假日慵懶的氣氛時，染上這Bicycle Fever的車友們，已早早起床做完暖身，跨上愛車往山林裡前行。

1997年，八年的出版工作告一段落，決定出國放蕩一兩年，好決定這接下來的日子該是如何。但，當然要帶上單車出國，這住到那就一定要騎到那兒的啦。

車友Joe想了想，沒什麼好送的，那就在你出國前，陪你騎一趟長80公里

標高2,000公尺的阿里山公路，當做餞行吧。

信心與體力是騎出來的

阿里山，在台灣每個人從小到大都會去個幾次。

但騎上阿里山，嗯，這是瘋子或傻子才會幹的事。但看起來，這回就是一個傻子碰上了一個瘋子。

與Joe是大學同學，曾一塊兒演出莎士比亞《馬克白》戲中開場的士兵甲乙，就是那種有台詞的龍套角色，幾句話讓大戰後的情景交待出來。

多年後，各自在不同行業工作，但士兵甲乙轉換成單車騎士甲乙。單車騎士甲勤練體力，常看著書籍地圖發呆，似乎一條條有趣的路線景緻，可由書及地圖中延伸出來；單車騎士乙是個浪漫騎士，他總想著讓每一次的騎乘都有些許不同，在汗水之外還能有些獨特的滋味。於是，有時是帶兩顆蘋果，在山路盡頭的吊橋上哨嗑；有時是在山頂涼亭遠眺，而這老兄則開始忙著磨咖啡豆煮著咖啡。更怕他那天心血來潮，背上小提琴，在山上拉起巴哈的「G弦上的詠嘆調」……

「老兄，你這浪漫要不要留一些下來，應付將來可能出現的可愛女車友。」給這位單車騎士乙的良心建議。

在騎過台北郊山，及試過北橫公路後，嗯，來騎騎阿里山吧！

因為騎過阿里山

騎阿里山的前一天，兩人到了嘉義。不知是些許離情或是對自己的體能太有信心：「阿里山不過就長了點嘛，慢慢騎，六七個小時也就搞定了吧！」那晚喝了些酒，隔天出發時已是早上十點了。

做完暖身，騎上車。嘉義－頂六－十字路，這段路騎過幾回，並不陌生。看著嘉南平原的景緻，那紅瓦農舍那路上焚草及偶而經過的養豬人家氣味，色澤氣味在離鄉前夕變得異常清晰。

後來，在比利時東部的鄉間丘陵道路亦聞到這相同的氣味：些許灼熱些許臭味，但真的是會喚起鄉愁的氣味。

阿里山公路繼續往上：觸口－中寮－龍美。每條叉出的道路，都誘惑著人前往；達娜伊谷，光看地名已見嫵媚；不行這回不行，告訴自己，下回再來騎乘探訪，這回，先安心的將這條蜿蜒漫長的台18線好好走過。

那年，騎在普羅旺斯時亦有類似心情。吃完卡維雍甜瓜（Cavaillon），

你騎在景緻不錯的D973公路時上時下，抬頭是白雲及綿延的黃色山脈，俯首是小山城及遠方淡紫色的薰衣草田。左邊山路是往彼得梅爾筆下誘人食慾的艾普村（Apt）及奔牛村（Bonnieux），右邊則是直下往塞尚老先生的艾森普羅旺斯（Aix-en-provence）而去；該是向左走，還是向右走呢？

龍美—龍頭—石卓。阿里山氣勢已現，道路續往上走，路邊放學的小朋友已會為你加油……這才騎了一半而已嗎？真不該相信嘉義H2O車隊朋友的話：「阿里山不會太難啦！撐一下大半天就上去了，吃顆茶葉蛋就可以再滑下山來了。」真是笨，人家藍波和阿堯是住在阿里山腳下的老嘉義，整天騎上騎下的就是這條路，當然說來像是走灶腳一般。

騎雲南大理至麗江的214公路，能做的亦是盯著前方5公尺內的路面，抬頭側望，原來自己一路盤旋爬升這麼高了，偶而飄來的已不知是霧或山嵐。加油，這天的行程已過半了，路就這麼一公里一公里的騎，總會騎到終點……（傻人有傻福的，後來才發現這條214是滇藏公路，可以一路騎到拉薩，如果早知道，是否早已腿軟？！）

石卓—十字路—阿里山。兩人都加上了薄風衣，這山路已過1,500公尺的高度，該吃的巧克力棒該補充的運動飲料都下肚了，彼此對望一眼沉默著

本篇攝影：楊志雄

（眼神交會時有無奈的火花：幹！是誰說要來的啦！）。已無退路，都騎到這裡了，不用多說，騎吧！

幾年後，兩人又幹了類似的傻事：那回，是去騎法國的庇里牛斯山了，說是要去體會一下法國環法賽的風貌及騎士心情。嘿嘿，但不知是因濕雨，或是彼此都安逸懶散了些，庇里牛斯山最重要的兩座大坡都是騎到山腰，就坐在咖啡店中對望：騎或不騎？⋯⋯先來杯紅酒如何？⋯⋯要不要再來一杯？⋯⋯總之，那回是「庇里牛斯山大撤退」。

台灣有個阿里山

其實只騎上過一次阿里山，但不知為何，之後對世界各地的山路便不太有畏懼感；好像騎過阿里山，便給了自己一張登高認證似的。「可以啦！你沒問題的。」

於是，便那兒都如履平地，視如坦途了。

親愛的，咱們又好久沒騎阿里山了！

再騎一回如何？這回咱們慢慢騎，騎個三天兩夜，去達娜伊谷住一夜，再去特富野走走，喝喝小米酒吃吃山豬肉。

這樣的阿里山，會不會更好玩些？！

帶一本書去騎車

《福爾摩沙大旅行》劉克襄，玉山社
看著書中所描繪這百來年，深入台灣探勘植物、人類學等等的西方旅行者⋯⋯此刻所騎乘的山路，他們亦曾走過吧！

Scott登山車

| 前避震 | 27段變速 | 台幣15000元 |
| 2000～ | 碼表里程：8762 公里 |

騎著去喝咖啡，看電影，酒館小酌，
過年騎車回嘉義娘家
從雲南到越南，到荷蘭訪梵谷，到比利時尋啤酒
現仍在家中，
作為上下班通勤工具及島內短程旅行之用

第二台單車，是自己掏腰包買的。

在法國遊學歸來，工作毫無著落，前一台愛車又遭竊時，這是你唯一想出來能振奮人心的方式（當然，家中的另一半是頗不為然。）

那真是Bike fever單車熱進入瘋狂期的時刻。原本從事自由業的你，為了騎車，你改掉晚睡晚起的作息，開玩笑，清晨騎車是多開心的事啊！黎明即起，睜開眼睛的第一件事，是掀開窗簾，若地是乾爽，這又將是一個可以騎車的好日子。

為了騎車，你開始鍛鍊體能：晨起早操、爬山、游泳，甚至你從小厭惡的跑步。因為騎車需要的柔軟度，你練著下腰及劈腿，生平第一回你的手指可以碰觸到地面。

是的，你到哪兒都要騎車！

喝咖啡吃飯喝酒，算是小事，你總是要將單車置於你的目光可及之處。去看電影，那得去麻煩多年未見在電影院附近開店的友人，將車置於其店中。甚至是每年春節要下嘉義回娘家時，亦是分頭進行，自己得要騎單車沿著台灣西岸行春探親，一路南下到嘉義。

出國旅行，那能否騎車亦是優先考量。不能騎車啊……那……那你們去就好了。

2001，是個有趣的一年。這年，決定以騎車為業。騎車寫稿，可以是個工作嗎？

為《TO'GO雜誌》寫〈單車咖啡館〉專欄，每條適合騎車的道路應該都有一家可以駐足的咖啡店。為《壹週刊》寫背包客旅遊稿，南上加南，從雲南騎進越南，這才發現大理、麗江間的214國道是滇藏公路。騎去荷蘭走訪梵谷看見老台灣，到比利時去尋訪眾家修道院啤酒……真是教人回味的一年。

當然，年終結算，騎車這事還是當成興趣較為妥當。

回頭一望，那年那單車上的人影，還真是一幅**單車傳教士的樣貌**。

Act 2

望遠：
行萬里路

夢想有多大，單車就可以騎多遠。

—— Taipeibiker

東京亂騎
Biking Tokyo

過了明治通後，人車漸少，那種騎在東京街頭的喜悅突地漲滿胸口；有那麼點十二歲時
終於知道如何從台北郵局走到國賓戲院的快樂與成就感。江戶川橋通之後，轉進江戶川
公園的河邊步道：原來東京還有這些中型公園及漂亮的河岸，及陽光下看書散步無所事
事的人們。

其實是個誤會，關於去東京騎單車。

起因是友人陳君即將結束其在福島郡山（在本州東北部）之三年工作，在返台前希望我能去走走；知道我對單車的著迷，一再描繪周遭山水之秀麗，多麼地適合騎車……

是有些心動，但對一個不事生產的家庭主夫而言，一萬元的機票錢也突然成為筆天文數字；更何況你如何對家中的上級指導員說：「妳好好地工作喔，我去日本走走騎騎車，過幾天就回來！」這這這這怎麼講的出口。

但那天，上級指導員突然問我：「下禮拜，我要去日本出差，你要不要陪我去？」

「嗯……」心中一喜，但仍故作沉思狀。

「好嘛，你就陪人家去嘛，你不是兩年沒去東京了嗎？你還可以帶單車去騎啊。」

「東京騎車好玩嗎？我還是去騎南橫比較過癮吧！」還拿翹。

「你還可以去找陳桑玩啊？他不是快回來了嗎，你先陪我去東京，之後我先回台北，你再去福島找他多玩幾天嘛？！」

「好吧，好吧！喂，妳這回又是去拍那一支廣告……」

990510　出發前一天

忙著擦車、拆車、將車裝入車袋；想想還是多帶支扳手，免得踏板不好拆裝。

日本地圖，家裡一拖拉庫看不懂的日文Guidebook中，竟然沒有一本地圖；有的是《東京拉麵必擊秘笈》、《世紀末東京居酒屋全圖鑑》、《北海道溫泉散步》、《京都食的誘惑》……只找到一本《Tokyo Book Map》（東京書店地圖），幹！

e-mail發了，電話也留了話，但陳君仍沒連絡上。

990511　抵達東京

兩年沒來，變化似乎不少。那小小而熟悉的華航專用之「國際空港」竟也變了，去年改的，竟然趁我不在時就改了……哼！

過海關時，學了這趟的第一個日文單字「自轉車」（讀音「急電下」），單車是也。

站在巴士站牌前，兀自猶豫……羽田、濱松町、新宿、大久保、看著地圖，要轉三趟車，還要背著行李及單車袋，算了算了，還是照顧一下台灣

同胞的野雞車生意吧！一人只要3,000日圓，比起計程車的12,000日圓，算是便宜了！

　　旅社老闆娘的和善面容依舊，也不知是否還記得我；但聽來她那半生不熟的國語似乎已比我的「十句日語闖東瀛」好些。

　　天色已晚，單車就先放房間，明天再裝吧。

990512　漫騎早稻田

　　上午去了新宿，在東口紀伊國屋書店裡將這回及將來可能需要的資料書籍，給一次買足。

　　買了昭文社的1/10,000《東京23區》地圖及兩本關東、北海道的《Touring Mapple》，兩本單車雜誌，還買了本Guidebook《東京自轉車散步》及一位日本老兄寫的遊記《台灣自轉車旅行》，唉，回去後，是該好好想想環遊台灣的路線了；法國、日本都騎過，卻對自己的土地異常陌生，也太說不過去了。

　　中午邊吃拉麵邊看著資料，想著下午可以騎的路線；《散步達人》雜誌上的這期專題──早稻田、目白、高田馬場；離住的旅社不遠，介紹的幾家咖啡店及電影院看起來蠻好玩，就當做暖身吧！

二十五分鐘裝好車，不錯，小有進步。想想，還是別穿單車服，牛仔褲背包的輕車簡裝，比較像街上之在地客路人甲。對，就像個Tokyo walker吧！

東京其實不陌生，前幾年因工作關係，每年總要來個四五六趟；但扣除會議及交際應酬，所剩也無幾。這麼說吧，山手線及地下鐵是熟悉的，但從原宿要如何走到下一站的澀谷則是搞不定的。

但那時除對JR及地下鐵的迅捷準確，頗感佩服外（另一位無聊的友人，每回到東京搭JR時，總是在月台上期望著，車停下時開門處未對準排隊的黃線；差個5公分都好。但這些年來，他尚未等到過這失誤情況）；對街上在人行道穿梭的單車族亦是羨慕不已，在快步行進的人群中，單車族自有一份瀟灑。把人行道由行人與單車族共享，這主意還不錯，不知是誰想出來的？

16：30，上路吧，兩線道的大久保通上，永遠塞滿走走停停的車輛。就安心地騎人行道吧，跟在一個上班族老兄後，在人行道上與路人爭道，才發現要在人行道上騎車也是需要幾分功力。過了明治通後，人車漸少，那種騎在東京街頭的喜悅突地漲滿胸口，有那麼點十二歲時終於知道如何從台北郵局走到國賓戲院的快樂與成就感。江戶川橋通之後轉進江戶川公園的河邊步道，原來東京還有這些中型公園及漂亮的河岸，及陽光下看書散

步無所事事的人們。

騎過椿山莊（這家和帝國飯店，是東京兩家頗有味道的老派五星級飯店），之前進去過二次；但從河邊經過，那種日本貴族式宅第的幽雅細緻方能體會。目白通上連著經過日本女子大學及學習院大學，原來下課的人潮亦是如此可怕；胡亂地瞄幾眼日本美少女們，便趕緊鑽進巷弄之中。

東京的丘陵地不少，幾段路陡得教人腿軟，還好平日常騎貓空，小撐一下也就上去了。還遇見一勁裝打扮騎登山車的金髮老外車友，原本想上前攀談，他身手矯健又往坡上騎去，這沒追上會不會有點糗……

回早稻田通，高田馬場驛下的牆面是手塚治虫的漫畫家族全員大集合，高架的山手線月台上已亮起燈光，映著其後Magic hours的天幕更加暗藍。是該找咖啡店的時間了，去Puintan或明治茶房呢？上回去早稻田大學逛演劇博物館時只覺有甚多新劇之類的題目是可做的，再加一點思古幽情。這回一見那正門的大隈講堂時，卻只想到六八學運及村上春樹這老兄；就去Puintan吧，聽說是當年吉永小百合讀書時的留連場所，不曉得廣末涼子來不來？

真的是暖身，這一天。

990513 山手線之行

來過東京的人,很少有沒搭過這JR山手線的。新宿、池袋、上野、秋葉原、東京、品川、澀谷、原宿,幾乎是耳熟能詳的地名都在這個循環路線上。第一回來日本時,很無聊地整整坐過它一圈,總覺得,要騎過它一圈,才算騎過東京。

決定往北順時針騎,沿著鐵道騎;時而圈內時而圈外,騎過繁華大站,騎過尋常人家,好處是只要方向抓對,與鐵道保持若即若離的間隔,就不必每隔幾分鐘停下來查看地圖確定方位,而得以悠閒地觀看路上風光。

高田馬場目白之間是文教區(也是這次才發現的),好多短期大學及外語學校,路上閑晃的年輕人不少,奇怪的是穿著時髦的長短裙日本女孩們,都喜歡蹲在路旁聊天,綿延一片也是個奇觀。

池袋,原本想繞去專放老片的文藝座戲院拍張照,一騎過頭也就作罷。大塚、巢鴨、駒邊、田端,是較陌生的區域,頗有鄉間氣味。

日暮里,則是高起的丘陵,墓地寺廟不斷,還穿插些法事進行著;街頭上的老店面老人家不少,景象與節奏均與地名相符,The place of sunset。

從墓園騎進上野公園濃密的樹林中,公園夠老樹夠大但人也夠多,是碰上他們中學生的畢業旅行吧,要不,周四中午應不會有這麼多人。在樹蔭

下歇息，考慮著中餐是在附近還是去淺草吃，決定往人少的方向走。

「希多支」（一份），還好日本餐館的Menu多附有照片，看圖猜總比看一堆玉子、明太子、唐辛子等不知所以然的漢字來得好些。中午的幸運大餐是炸豬排飯、加生菜沙拉、加味噌湯，所謂洋風和式料理是也，850日圓，還好。

開始走中央通，御徒町、秋葉原、神田、東京、有樂町、新橋，是百年前熱門的逛街路線吧，台灣耳熟能詳的三越、高島屋、松板屋的本店都在這沿線上；銀座附近的街燈白天看來都有份典雅，當年的時麾打扮是男著三件式西裝、高帽、柺杖，而女著和服地前後走著；如今在街頭，著和服女子仍不少，但真的得是有錢有閑的貴婦才會做這事兒了吧！人行道頗寬，但逛街的人亦頗眾；跟在四個女子後慢慢騎著，找空隙往前鑽時，聽見她們講的是熟悉的國語，有種忍不住要回頭跟她們打聲招呼嚇嚇她們的衝動。紅綠燈前拍了張照，一勁裝穿著的單車騎士，龍頭前架載著一條北京獅子狗，他見我要拍，還特意地停下擺了個Pose，卡哇伊的是嘞！

濱松町、田町、品川，是另一種工業城的氣氛，路寬車快倉庫車廠不少，過品川時一波波的女高中生迎面襲來，白襯衫黃短裙黃毛衣白長筒襪，黝黑的肌膚搞不清是日曬或是燈照；是略略地上坡，女孩們有些驚喜而讚賞的眼神，對付肌肉痠痛頗有效，我則自己提醒著：騎單車時不要想

太多日本AV女優或是援助交際的畫面。不小心騎到她們學校的大門口——品川女子學園；去裡頭當個麻辣教師是幸福的吧！

　　大崎、五反田、目黑、惠比壽，目黑之後有種進入高級住宅區的味道，外國媽媽帶著小孩在街上閑晃的不少。啊，惠比壽，終於來到這兒；對一些攝影朋友而言，她的寫真美術館還頗具份量；對自己來說，這是自己最喜歡的日本啤酒品牌，不是Kirin不是Asahi不是Sapporo，而是這Yebisu（即惠比壽的日文唸法）。「Yebisu nama bilu more 1 bai！」（惠比壽生啤酒再來一杯）是我很早就學會的日文句子。 還記得友人Narumi jian曾說過這兒的Beer House酒菜空間都不錯；但今天騎單車，喝了啤酒後，剩下的路騎得動嗎？或者就一不小心就喝下去不想走了，兩者的可能性都頗高。唉，回旅館再安心的喝個夠吧！

　　接著是走明治通，澀谷、原宿、代代木，騎過東京的香榭里舍——表參道，年輕人多到不想稍作停留。

　　新宿，發生的故事太多，但想來還是幾年前那一晚被友人帶往新宿二丁目的同志酒吧，卻巧遇白天開會時的談判對手。場景轉換後氣氛亦由嚴肅變為輕佻！唉，你什麼話都不用再多說，百口莫辯下只得大展雄威，而集眾多關愛的眼神於己身的記憶最為深刻。

　　「真的，那一夜，我們都是Gay！」

大久保通，回到家了；17：20，天色仍亮。

990514 砧公園、下北澤之行

騎完山手線，再來似乎該往外騎了。

吉祥寺不錯，但那年已在櫻花季節騎過井之頭公園；剩下三個地點挑選，自由之丘、代官山及下北澤。前者稍遠，代官山又太近，就挑友人志明所極力推薦的下北澤吧。

還想去一趟瀨田，那兒有一家BMX Rio；前兩天買的《PEN》雜誌是這麼介紹的：「大正、昭和、平成，街角之自轉車屋3代記」，受不了日本人，那標題就下得教人就非得走他一趟看他一眼不可。好吧，就算是替老爸去看的吧；和他不小心提起「騎鐵馬」，他還念念不忘的提起幸福牌、伍順牌鐵馬，一台要一千塊台幣，是當年他三個月的薪水……想來，買一台Bianchi或Klein給他，他是不會要的：坐墊那麼小，後斗又不能載東西；你講啥米，這一台多少錢？！

早上09：30出發，走大久保通往西，一公里後過神田川；之後走與大久保通平行之桃園川綠道，是那種只准行人及單車通行的步道；就約莫是一個車道寬吧，幽幽靜靜帶人走過居家百姓的後巷；還太新，但已可想像十

年二十年後的綠樹成蔭。而這不過是東京都內眾多親水綠道中，不甚起眼的一條。

往西和JR中央線保持著距離，騎過東中野、中野高丹寺、阿佐佐谷，過荻窪後，走環八通一路南行。其實不是那麼想走這種大路，但研究過地圖，稍小一些的路均是彎來曲去，除非我想騎之字形前進且一路看地圖，要不，只能這麼走了。

真的是郊區了，一路騎來全是陌生的地名，宮前高井戶蘆花公園千歲台祖師之谷大藏，而到了砧公園。啊哈，公園，五月天的陽光教人（尤其是我們這種單車騎士）見公園如逢甘霖，一坐下就不肯再走了。約莫是青年公園般大小，這一天是他們幼稚園的親子遠足吧，坐在長椅上看著一列媽媽小孩們魚貫而過，是小紅帽班、小黃帽班、小藍帽、小紫帽……

中飯該怎麼解決呢？公園裡有賣冰品飲料的涼亭，有沒有可能也賣便當？哈，竟然有。亂點了一小盒炒麵及三個飯糰再加一瓶可樂，620日圓，心滿意足地挑棵大樹享用我的「速霸藍其」（Super Lunch）。飯後，在樹蔭下看著買了好幾年都沒機會讀的香港版口袋書《私家版東京讀本》；陽光偶地穿過樹梢灑在書頁上，風吹過大片綠草地帶來的涼意，遠處有小孩的嘻笑及清脆的球棒聲，聲音越飄越遠……

竟然睡了半個鐘頭，幸福幸福。走吧，離瀨田的BMX Rio車行不遠，如

沒走錯再1.5公里就到了。

　圖片還是會騙人，店沒預期中的大，不過一些裝備看來，越野賽及下坡賽的用具頗為齊全。店裡放的全部是英文歌，幾個看店的年輕人說他們是玩衝浪或滑板的我也不覺驚奇，頗多東西想買，還是克制點兒吧，最後只買了件打折的Cannondale休閑車褲及條可綁住褲腳的魔鬼膠織帶。臨走前店老闆蒔田三代目方出現，猶豫著要不要找他拍張合影，嗯啊哈哼，算了，別那麼觀光客吧。

　天氣轉陰，該不會下雨吧，要下，也等我騎到下北澤再說。走玉川通接用賀中町通、世田谷通、茶澤通，將將好到下北澤，雨就下來了。是頗熱鬧的小市鎮，奇怪的是教人聯想起去年在法國南部蔚藍海岸的Juan-les-Pins，空氣中都浮動著好奇不安的年輕荷爾蒙。無暇細逛，挑了家Café Arlequin（小丑咖啡館）坐下；是那種屋內掛滿乾燥玫瑰非常女性化的小店，那種在吧台台階前會放置一銅製花灑旁邊的竹籃裡會擺著幾本餐點雜誌，沒錯，完全Layout！不過在下雨的午後，倒也有份溫馨。

　雨停，走人。鎌倉通觀音通，是自己喜歡的小路，沒有高樓大店或過多的人群（這在東京是有些苛求），偶而經過的小公園或通學路，教人有份自在。

　但大路也終究避不開，甲州街道，帶人經過新都廳回到那熟悉的新宿；

走著山手線旁的小路，緩緩地騎著，彷彿知道這次的Biking Tokyo即將畫上句點。

990515　逛澀谷Tokyu Hands，裝車。
帶上級指導員去吉祥寺，吃燒烤，聽爵士。

990516　去木場公園，東京現代美術館看荒木經惟「寫真人生」展。
搭機返台。

想起法國鄉間道路常見的銀髮族單車騎士們，我如果能這麼騎下去，或許到七十歲時，也可以來辦個「單車人生」展了吧！

本文刊載於TO'GO旅遊雜誌1999年10月號

帶一本書去騎車

《東京23區》昭文社

在東京，可看的書與雜誌實在太多，有時就湊著漢字圖片，也可讀出可五六成意思。但還是先帶上昭文社的地圖，之後方可安心的亂騎。

鎌倉掃墓記

Kamakura, mon amour

避開大路，兩輛腳踏車，穿梭巷弄之間。一座座隱藏在小路裡的廟寺，各自以其安心的
姿態，等著來人的發覺參拜。也沒刻意尋找，隨興而行。見氣味不錯者，就進去走走。
許多廟寺既不見遊客亦不見住持，格局或大或小，建築或秀麗或樸拙。 兩人就這麼騎騎
走走，進進出出，一路經過淨光明寺、藥王寺……

很多人喜歡鎌倉，各自以著各自的理由。

是離東京最近的古都景緻，一個小時就讓人由匆匆轉為閑適。

是湘南海岸，教迷戀海洋的年輕人一波波直撲而去。

是江之電電車，在寺廟、民宅、海濱間穿梭出濃濃的懷舊。

喜歡文學的人，《源氏物語》裡的鎌倉幕府在此向她招手。

漫畫迷者，《灌籃高手》中之陵南高校亦以此地之鎌倉高校為藍圖。

影痴如我輩者，鎌倉是小津安二郎及黑澤明之最後棲息處。

於是，七月天，帶著單車伴著上級指導員，在她的東京出差之暇，決定鎌倉掃墓去也。

拆車裝車是件愉快的事

真的，帶單車出遊，要將拆車裝車這件事視為如刷牙洗臉般的生活例行小事；東京到鎌倉，約70公里，一個人騎，三個半小時也就到了，只是這趟兩個人同行，決定安心搭火車來去，拆拆裝裝，只當是樂趣。

兩個人一台車，各自背個小包包，悠悠閑閑地由歌舞伎町晃至新宿東

口。在地鐵站外，挑了個稍微少人的角落，開始拆車；載上棉布手套，拿出扳手，先將踏板卸下；拆前輪後輪裝進攤平在地上的車袋，拿下座椅，鬆掉龍頭，將車架擺入袋中；拉起拉鏈，扣好固定帶，裝上背帶，上肩。5分25秒，離車友Duduling那3分47秒的紀錄甚遠，還有加快的可能。

上了山手線，到品川轉橫須賀線。在月台上才發現有兩種車，快車是銀底白藍線之摩登車廂，慢車是藍底白窗框的老車廂（是的，會教人回想起年幼時的平快車及那圓形鐵便當）。決定要搭慢車去，快車回，很貪心地。

火車在過了橫濱後，車廂內人變得較少，窗外是放眼遼闊的田園景色；灑入的陽光在火車固定的節奏中變幻著，思緒也隨之飄遠。為什麼兒時總會在月台送行時哭鬧離愁，到最後總在送行的一方也搭上火車方破涕為笑的結束。光線一明一滅，火車的速度無遠弗屆，從英國到台灣、從波蘭到日本——想著《猜火車》到底有沒有火車？！電影中的火車場景不斷出現，是《戀戀風塵》的山洞穿梭，是《機遇之歌》那雙追逐火車的手，《驛》中積雪的月台，以及法國片中總是在火車劃過出現的「Fin」……火車總是教人迷戀。

鎌倉驛，向「觀光案內所」要地圖及詢問單車出租處，一抬頭方發現早已有「貸自轉車」的指示牌。在上級指導員去租單車之時，自己亦開始裝

車；程序與拆車約莫相反。裝後輪、鎖龍頭、裝前輪、上踏板及座椅，略略調整煞車及車輪，使之運轉平順，開始收車袋放入背包中，11分鐘。幾位在一旁觀看的日本老媽媽，還輕聲鼓掌讚許，只能微笑回禮。

此時，指導員也租好單車了，就上路吧。

山間尋廟去

看著身上帶著的日文旅遊雜誌，拿著剛索取來的地圖，開始研究，B3大小的黑白影印地圖上，是散布各處無所不在的卍字標號，一個卍字號就是一間廟寺，粗略估計，七八十間吧！想起行前友人的解說，關於日本、寺廟、鎌倉的種種……由鎌倉幕府時期開始，寺廟除了貴族參拜休隱外，也開始成為武士們作戰前後打坐沉思的場所；平民信徒們的參禪禮佛則是更後來的事了。而鎌倉在政權逐漸轉移至京都之際，角色也由政治轉換為宗教性……

騎了一小段商業街「小町通」，買了預備作為中餐的飯糰水果後，趕緊遠離人潮。才一個拐彎，即是靜謐的巷道；兩旁老舊卻仍雅緻的木牆和房舍，有著溫文儒雅之外，難以掩蓋的落寞貴族氣息。沿著鐵道北行，開始有些緩緩的坡度，也開始有著教人愉悅的自然氣味。尚未完全掌握住方

向與遠近，地圖指南針端在懷裡備而不用，就任著自己享受一下迷路的快感。

鶴岡八幡宮，既來之則看之，參拜的日本初高中生不少，是學校的旅行吧。印象深刻的是那整面一桶桶奉獻的「地酒」，那一桶清酒想來醉倒十名大漢是綽綽有餘的。宮裡還有著專門餵鴿的工作人員，只見鴿群圍繞其身旁，他手一揮，鴿群即在那夾在古樹參天的長碎石道中飛起，繞一圈後又飛落，一回又一回地樂此不疲。在宮裡的「平家池」畔，席地而坐，享受了簡單的野餐。

避開大路，兩輛腳踏車，穿梭巷弄之間。一座座隱藏在小路裡的廟寺，各自以其安心的姿態，等著來人的發覺參拜。也沒刻意尋找，隨興而行；見氣味不錯者，就進去走走，許多廟寺既不見遊客亦不見住持。格局或大或小，建築或秀麗或樸拙，兩人就這麼騎騎走走，進進出出。一路經過淨光明寺、藥王寺……

走山路有份安靜，但也有著份不可避免的麻煩——爬坡。費了些勁兒的翻過「龜之谷坂」，這小路名稱是以「會意」法取名的吧，教人如龜行似攀爬的陡坡。回頭看上級指導員，她也不囉嗦早已下來推車了。

日本人在意細節，連小路上的指標都明白清楚，往北鎌倉圓覺寺1公里。

方向感和直覺，是長久以來旅行的養成吧！

尋找小津

「北鎌倉圓覺寺，小津安二郎之墓，映畫監督，享年六十歲，明治三十六年（1903）十二月十二日到昭和三十八年（1963）十二月十二日。」《太陽》雜誌這麼寫著。

「駐車禁止」，圓覺寺前豎著木牌。兩人將單車牽至一旁的小路上，張望了一會兒，在日本鄉間，兩輛沒有鎖的單車，是對日本治安的一項考驗，決定安心擱置！

終究還是來了，在看過這麼多年他的電影之後。雖然早已記不清《早安》中是哪個小男孩始終學不會放屁，《東京物語》的媳婦究竟是原節子或岩下志麻，甚至連《秋刀魚之味》是黑白或彩色，都不確定了。但老爸爸笠智眾總在那兒，微笑地看著你，不管什麼問題，他都以一個既不肯定又不否定的「嗯」來回答。

圓覺寺依山而建，一步步地踏著石階而上，心甘情願地在入口處付那200日圓的拜觀料。

圓覺寺為鎌倉五山之一，該寺院建於西元1282年，為日本現存最古老的中國佛教寺院。西元1271年元成祖忽必烈舉兵攻日，引起日本全國驚恐。

當時圓覺寺開山祖師——宋朝高僧無學祖元（1226～1286年）為陣亡將士祈禱超度；當蒙古大軍兩次東征均在大海上被暴風雨所阻後，亦使圓覺寺名聞全國。

初夏，三三兩兩的遊客多往佛殿走去。兩人對望，還是先去探望小津先生吧！遂往右手邊的墓園前行，在一座座墓碑間穿梭；竟也像極了每年清明時分，回台中清水老家的掃墓過程。祖父和小津，我均未曾謀面。那曾留學日本而早逝的祖父之墓，每年總得費些心力撥開雜草，在台灣中部的山地，方位各自不同的墓碑間尋尋覓覓。小津先生，與祖父年莫相仿吧，會是在這排列嚴謹之日式墓園中的那一處呢？

目光在每一塊石碑上搜尋，自忖：不喜囉嗦的小津先生，會藏身於一個怎樣的角落呢！怎麼會找不到呢？都到了最後一區墓園了，是剛剛錯過了嗎？不，一定就在這兒。心情反覆起落著。

不遠處，上級指導員向我招手。找到了！好個墓誌銘——「無」，碑前幾瓶清酒；佇立墓前，靜靜地兩人均未言語。可以想的事太多，這一刻似乎有著難得的清明。許久之後，兩人一塊兒動作，合手、鞠躬、告退。

逛完圓覺寺，兩人牽著單車，在北鎌倉驛前走著，是個氣質獨特的小站。在鐵道旁的紫穗茶房小歇喝杯咖啡。出門時，迎面是一群群黑衣黑褲的高校生，原來已是放學時分了。

探望黑澤

　　穿越市區，去「安養院」探一下黑澤先生吧！這一天已有些滿了。

　　「鎌倉市大町安養院，黑澤明之墓，映畫監督，享年八十八歲。明治四十三年（1910）三月二十三日到平成十（1998）年九月六日。」

　　小津安二郎與黑澤明，是截然不同的兩個人吧！一邊是《晚春》、《麥秋》、《秋刀魚之味》、《彼岸花》的恬淡閑靜；一邊是《生之慾》《羅生門》、《八月狂想曲》、《亂》的強勁張力；一是獨處山中，一是大隱於市；為何又都選在鎌倉落腳呢？

　　安養院，離市區半公里的寺院。不大，自有些氣派，但走了一圈，墓園似乎不在寺院之中。比手劃腳地與院中看守老伯詢問，講了一長串日文，彷彿是說：「喔！黑澤先生啊！就在寺院外長巷旁的那墓園啊！」半信半疑的告辭，院外果真有一長巷，蜿蜒而至，一座墓園矗立其側。

　　黝黑的大理石墓碑上刻著「黑澤家」，墓碑及祈福木牌均仍有新意。三船敏郎野武士的粗獷面貌，志村喬的公園盪秋千，櫻花的綻開與凋落。一幅幅影像的浮起又淡落。

　　兩人行禮，這一天終於要結束。

想起德國導演文‧溫德斯拍攝的紀錄片《尋找小津》，片中他攀上鐵塔，俯視小津活過的城市；他走在路上，駐足在料理店前的蠟製食物櫥窗前，嗅聞小津每日的食物氣味；在1985年的東京行時，他寫下的一句話：「Perhaps I was searching for something that no longer existed.」

1999年，我們走過鎌倉。

本文刊載於TO'GO旅遊雜誌1999年11月號

帶一本書去騎車

《小津安二郎的電影美學》Donald Riche，電影圖書館

有些書，在家中幾乎是沒法看下去；而帶著上路，反而能讀出滋味。比如在鎌倉休息喝咖啡時，拿這本書看個幾十頁，便頗值回票價。

本篇攝影：高世安

到北京別忘了騎自行車

Biking Beijing

你騎著自行車，緩緩騎過胡同，你看到了在這城市中的生活景象：那可以是清晨趕著上學紅通通的臉頰，那可以是只賣著油條油餅而無燒餅的小舖，那可以是胡同宅邊堆砌著煤球的牆角，那可以是群鴿在枯樹灰瓦的天際線之盤旋……

「到北京一定要做的事是什麼？」有朋友這麼問著。

「想辦法搞輛自行車，騎過北京，去發現自己的北京！」興奮地回答友人。

北京去過六回，不算多，但騎了三趟自行車；你騎上車，你彷彿找到這個城市的節奏，北京於是開始對你微笑。

單車是這城市的節奏 Beijing, the city of bike

紫禁城一派蕭穆，天安門廣場人來車往，成排的自行車緩緩劃過⋯⋯關於北京的電影，可能是這樣的開場。

是的，這個城市太大，整個大北京是16,800平方公里，住上了一千三百多萬人，而擁有1,020萬輛自行車。所以，你在新聞影像中最容易看到的北京，是天安門前的自行車隊伍，是劃過廣告看板前騎車的大娘，是后海垂釣客旁的單車，是胡同前鄰人相遇各自倚著鐵馬寒喧著。

你來到北京，會發現這城市的歷史太長，而馬路太寬；這城市的景點太多，而你有的時間太少；這城市的才氣風流在胡同巷弄裡迴盪，而你只能怯生仰慕地於一旁仰首。

當然你可以打的（Taxi）快速地從城東坐到城北，終日奔波不停。但真

的要自己能領略這城市的風情，你總得是如北京在地人一般，跳上公交車（Bus）的擠蹭著，看著這城市走向現代化的尖峰塞車景象，而車上大伙兒就這麼認命地一站牛步過一站；要不就看著窗外的自行車隊總與公交車不急不徐地在每個十字路口前交會。

是的，雖然已是二十一世紀，北京有了地鐵有了四環五環，但於中生活的北京人，依舊是以自行車，從從容容地踩著踏板一步步地往其目的地前行。

騎進歷史騎進胡同 Biking into history

北京太大。「到前門，那不遠，從這兒往南走過兩個路口就到，近得很！」你若在這城市問路，北京人這麼回答，你可別以為真的很近，這兩個路口走下來可能要走掉你三四十分鐘。

北京要慢。在這城市其實急不來，一天要開三個會辦四件事，對不起那是香港節奏；在這城市，你可得想著，這一天可是不是有著非辦不可的事（那就辦這件事唄！），還是去那個地方走走消磨消磨時間。

北京得從容。千來年的歷史風華，想用幾天的時間快速消化，別傻了。你當然可以匆匆走過，留下與眾家觀光客同樣的記憶與印象；但你也可挑

一天，找輛自行車，讓自己安靜地與這個城市悄悄對話。

這是在北京要騎趟自行車的理由。

你騎著自行車，緩緩騎過胡同，你看到了在這城市中的生活景象：那可以是清晨趕著上學紅通通的臉頰，那可以是只賣著油條油餅而無燒餅的小舖，那可以是胡同宅邊堆砌著煤球的牆角，那可以是群鴿在枯樹灰瓦的天際線之盤旋……

這個城市的歷史約莫是這麼一點一滴地累積而成。

騎出自己的北京 Biking your own Beijing

這城市要找輛自行車，其實一點兒都不難。

短期旅遊者，找個當地友人借，或是向飯店租（小旅館的員工亦很樂意提供他們的交通工具賺取些外快），一些觀光景點亦開始有了自行車租借的項目。

待上兩周以上，那你真的可以考慮買台單車（中古即可），盡情地在這城市中四處遊走，待假期結束，再折價賣回。

往那兒騎？ 這在北京不是問題。

想隨意走走者，后海前門間的胡同，多的是待你發現的北京後街。

想留下幾許浪漫，挑個黃昏，往故宮後門繞著筒子河角樓溜達。

文藝中年如你我，胡同裡的名人故居，北大清華豈可錯過。

而雄心壯志者，西山賞楓長城攬勝亦是一天可成行之事。

是的，到北京別忘了騎自行車。

祝騎車愉快！

本文收錄於2006大塊出版《在北京生存的一百個理由》

帶一本書去騎車

《十三不靠》尹麗川，大塊文化

在北京看著尹麗川的文字，彷彿走進入深巷胡同裡的南疆烤串喝著燒酒，紮紮實實的人到北京。

台北敗客之人在雲南

Trip 1 : Taipeibikers in Yunan

下雨天騎車，其實需要份願意嘗試浪漫的勇氣。

一旦上路，一切就雲淡風輕。雙層雨衣中，雨亦不擾人。看著道路兩旁的翠綠田野，迷濛蒼山水氣洱海，在路上看來都是開心。貪婪地多呼吸幾口那雨中微濕的空氣。這，是在大理往麗江的路上。

「有沒有人要加入雲南單車行？」出發兩周前發了e-mail告知諸親友。

「捎上我的祝福」及「Have a nice trip」是通常會收到的良性反應。而更多的是「你知道你很討人厭嗎？」、「請不要騷擾在台北辛勤工作的兄弟姐妹！」、「幫我帶瓶雲南白藥及普洱茶磚，宣威火腿也可以。」之類的不滿、抗議與唾棄。

但你要一個網路失業族如何是好呢？你發現你是那近4％的失業人口之一，而且像你這種提供Content者比比皆是；更不幸地你發現你的工作年資正好是無法申請失業救助金的那一類。

那就旅行去吧，帶著單車。省下一些不必要的交通開銷，提供更大的機動範圍，更為失業前夕花了幾萬元買的單車找到個合理性的解釋。

沒有太大的雄心壯志，單車環遊世界或騎上西藏高原的壯舉不太在自己的考量之中。其實不過是換個地方喝喝不同的酒罷了，騎完車喝酒比較開心比較沒有罪惡感，如此而已。

就像有人帶著《聖經》去中東旅行，有人拎本《莎士比亞》去玩英國，有人帶著手提電腦遊歐洲；自己不過是帶著單車出遊，誰說一定要從頭騎到尾。

　　嗯，或許我的邀請e-mail該這麼寫：「有沒有人想去雲南吃過橋米線、大薄片，喝喝大理啤酒及雲南紅；請記得要帶單車，以便在洱海蒼山間逍遙穿梭。」

在昆明喝一杯 Drinking Kunmin

　　台北香港昆明，不過是五個小時，飛機將人從忙碌於繳交罰單大哥大費用的台北，帶到那個只在地理課本中出現過的城市。五月底的昆明仍是涼爽的晚春氣候，

　　和Greg兩人走出嶄新的機場。Greg帶著Oakley墨鏡，車袋背包均是簡潔配色；搞攝影的友人總是如此，裝配一向高檔齊全，玩什麼像什麼。只不過始終沒搞懂，他是因為單車或是雲南吃喝，才在最後一刻決定加入。

　　和昆明友人李斌連絡，約好晚間在駝峰客棧這家昆明此時正紅火的Pub碰面。

　　金馬碧雞坊旁，一區嶄新的仿古建築。在巷弄裡穿梭，像是不小心闖進人家的老宅院；而裡頭燈火正明，人聲鼎沸。

　　挑了張靠入口的桌子，仔細打量。坐吧台的是一排老外，看來都是背包客；當地客則老少均有，各自涇渭分明。

「要喝些什麼?」

「喝你們這啤酒吧!」就是來入境問俗的,了解一個地方要先從當地啤酒開始。

「有大理、紅河、瀾滄江?要哪一款?」

「小姐,先給我們來二十瓶紅河啤酒!」李斌說。

雲南Pub流行300c.c.小玻璃瓶裝啤酒,接下來兩天,將雲南眾家啤酒喝過一輪:大理、紅河、瀾滄江、KK(據不可靠消息指出這兩字可能是 Kiss Kunming「熱吻昆明」)、超爽十度半(麥汁濃度十度半)、風花雪月 Happy hour。大體而言,酒精濃度較淡,在1.8%至3.1%之間(台灣啤酒為4.5%)。

高原騎車 Cycling Yunan Highland

在兩天的酒精會議中,決定了之後的行程:由昆明搭巴士西行四百公里至大理下關,由那兒再一路北上至麗江,這行程有多遠呢,嘿嘿,就那麼兩百公里;打算騎幾天?三天吧!

巴士停在下關蒼山飯店,兩人慢條斯理地裝車組車,試著在這過程中從

宿醉的狀態裡醒來。

上路，是微露的陽光，一出下關巴士站，蒼山便占滿整個背景，原來下關是依山而建的城市，絲白山嵐在鬱綠蒼山前上下飄揚，彷彿伸手可掬。

呼吸著1,800公尺高的空氣，有份清新；踩著踏板有些沉重，但搞不清楚是輕微的高山缺氧症狀，或是昨夜的酒精作祟。

路兩旁的農作物有些陌生，長得像玉米般高的是青稞吧！這頭是花椰菜，那邊問著種田的老伯則又是涼瓜。是紅蘿蔔的收成季節，田裡路旁是散落是一簍簍的紅蘿蔔，老農人在田埂旁水渠洗出一筐筐的嫩紅。

大理古城，嗯，有點兒新，是前兩年地震後新建的仿古建築。一街的白族房舍，先找住宿。MCA Hotel以入口一叢怒放的鮮紫九重葛及Home of China backpacker招牌將人留住。一百元人民幣住進游泳池畔的房間。決定放下行囊，再輕騎一探這《天龍八部》裡的好山好水。

吃在大理 Eating Dali

隔天，下雨。

下雨天的大理，不宜遊山玩水；雨甚至大到不適合在這城中散步。在春雨的空檔中，快步逛了一圈，兩條街是重點。人民路是吃，洋人街是喝。

人民路不寬，說是人民巷可能更貼近些。整條街盡是白族美食、洱海生鮮的招牌，每家生意都還行。決定去客棧主人所介紹的梅子井飯館，巷子一拐，原來是在市場旁。矮桌矮凳這是要吃擔仔麵嗎？進去和老闆娘商量一下菜單：栗子燒肉、金雀花煎蛋、板栗炒瓜尖再加個砂鍋豆腐，三菜一湯，這會不會吃得太好啊？！車也沒騎山也沒爬的。

　　隔著一條街就是洋人街，露天咖啡座、Internet，沿街懸掛的紮染布巾，有著舒適而誘人的異國情調。但下雨天的街上，看不到幾個洋人，倒是Greg和自己常被誤認是日本人。走著走著走到街尾的「懶人書吧」，大片落地玻璃，木頭陽台上是黃色遮陽布。懶吧的音樂還行，來來往往的都是些懶散而特立獨行的人士，那邊理個光頭蓄個山羊鬍的小個男生是北京來的年輕畫家，自顧自跳得挺開心的是墨西哥男孩，屋子最內角是兩個說著法文的女生。看著DVD的幾位則不知其國籍，聽口音都不是來自英語國家。

　　在窗邊喝著啤酒，看著街上室內的風景，是旅途中不知今夕是何夕的恍惚。

雨中騎車 Biking in the rain

下雨天騎車，其實需要份願意嘗試浪漫的勇氣。

一旦上路，一切就雲淡風輕。雙層雨衣中，雨亦不擾人。看著道路兩旁的翠綠田野，迷濛蒼山水氣洱海，在路上看來都是開心。貪婪地多呼吸幾口那雨中微濕的空氣。這，是在大理往麗江的路上。

走214國道，過三塔公園，喜洲鎮還有20公里路。路還行，是舖過許久的兩線柏油路，底層的圓石尖石在雨水洗滌眾車穿梭下，路面已無粗糙但見光滑，騎於其上有著如乘船般地起伏節奏。初夏的燕子在單車間徘徊，像是特技表演般的貼著路面滑行。

夜宿洱源，雲南西北的溫泉之鄉。

隔天行程是洱源至劍川。214線2,950公里；214線2,945公里，奇怪，怎麼是越騎越少，不是應越騎越多嗎？莫非這條路是從另一頭算過來，但雲南應沒有這麼大才對啊？！雲南接過去是……西藏，那這條路是「滇藏公路」？！意思是說繼續直走，就可以這麼一路騎上西藏了。有些驕傲有些腿軟。

午後，天晴路面乾爽，無話可說。上站村之後是17公里的山路，會有幾公里是上坡呢？按（在台灣騎過的）常識來說，應是一半的8或9公里長，

嘿，事實上卻不然。如同攀爬南橫山路般的崎嶇長坡，和Greg兩人能做的只是低頭盯著路面，或側看高原風光，不必再抬頭看，那是永無止境的上坡路。而雨竟然又下了起來。

不行，就快到分水嶺，再撐一下，等會兒就是風馳雷電的下坡路。意識有些模糊，眼簾面頰上有些分不清是汗珠或是雨水，Greg呢？ 往後方一瞧，小小的橘色身影仍在緩緩的移動。到了到了，終於騎到頂點。遠方是一路蜿蜒的下坡，但雨已大到看不清路面。好吧，就此打住，這美好的路我們曾騎過，也就夠了。

路邊攔中型巴士，將兩台寶貝單車置上那車頂；兩人鑽進煙霧瀰漫的車廂。車啟動，窗外是雨中模糊劃過的景緻，混身濕冷地打著顫抖。

麗江，應該有熱水澡吧？！

清晨醒來，不知人在何方。

白淨床單，木格窗櫺，清晨光線斜灑在屋簷上。四合院中有份寧靜，輕輕推開木門，從二樓俯視那花草扶疏的天井。想起來了，人在麗江祥和院，一間掛著「重點保護民居」的納西族民宿。

「小黃，醒來了啊，下來吃早餐，雞碗豆包和酥油茶都熱好了。」民宿主人趙叔叔在樓下招呼著。

麗江，高原上的水鄉古鎮，適合閑散地在巷弄裡隨興地走著。是個可以放鬆，可以恬淡過活的地方。可以完全不去想騎車這檔子事。

　　「小黃，我幫你們想好了；今天天氣不錯，從這兒騎到玉龍雪山不遠，才三十多公里。雲杉坪那兒也沒多高，不到三千公尺，你們兩沒問題的。」

　　和Greg兩人互望了一眼？不會吧！又要騎車了嗎？！

　　玉龍雪山，一條筆直的兩線公路，遠方是山帽帶著白雪，白雲時遮時掩；有些挑逗，有些睥睨，冷冷地看著我們。

本文刊載於壹周刊第10期2001年8月2日

帶一本書去騎車

《徐霞客遊記》徐霞客，世界書局
這老兄真的是能走能玩，四百多年前便可爬遍雲南；那咱們這騎車也算不上太苦，就一塊兒同泡洱源溫泉囉！

虎跳峽中背包客

Trip 2 : Backpackers in the Gorge

到麗江後，要找兩天去虎跳峽，那兒有個地方叫核桃寨，有間旅館就在崖邊，面對著那三千公尺高的峭壁，就什麼事兒都別做，看雲看天看山，聽那金沙江在峽谷裡的轟隆急流……

看著A4大小的影印地圖，麗江、玉龍雪山及金沙江是少數幾個看得懂的名字。中英對照的手繪地圖，密密麻麻的解說，不知該從中文或英文看起。這是在雲南麗江各個咖啡店客棧四處可見的景象，講一個背包客口耳相傳的景點——虎跳峽。

虎跳峽在麗江北方90公里，金沙江在玉龍、哈巴兩座雪山中強渡關山，切出一條落差3,900公尺的峽谷，極窄處僅20餘公尺，江中有巨石，虎可借石過江。

有些心動，聽起來像是個很過癮的地方。

和Greg討論著，是否這趟雲南單車行的西進路線就到麗江打住，似乎該是折返昆明沿著滇越鐵路往越南前行？那這滇西行是不是就在虎跳峽打上句點呢？

將單車置於麗江，安心地去爬爬山，一掬長江水吧。

「到麗江後，要找兩天去虎跳峽，那兒有個地方叫核桃寨，有間旅館就在崖邊，面對著那三千公尺高的峭壁，就什麼事兒都別做，看雲看天看山，聽那金沙江在峽谷裡的轟隆急流……」昆明友人李斌在我們抵達雲南的第一晚，就這麼推薦。

Day 1：在路上 Backpackers on the Road

10：30搭上往中甸的巴士，車上依舊煙霧瀰漫；連司機及左前方的藏族老伯都開始抽煙，前座的日本女生亦樂得拿出迷你煙灰缸，加入吞雲吐霧的行列。

12：30到橋頭，峽內坍方，車無法入，僅能到9公里的上虎跳峽處。要不要進去呢？從上虎跳走到23公里山白臉旅館還有14公里。

招車進上虎跳，開車的司師傅說裡頭的旅舍還開著，昨天他才送了三批人進去，一批上海、一批廣東，還有兩個老外。14公里沒問題，兩個小時就走到了。

15：00上虎跳石，真的是江中的一塊巨石。沒走下去看，遠眺就頗有些意思，決定留著時間趕路。10公里路碑，拍張紀念照。雨又飄了下來，穿雨衣吧。

金沙江就在右手邊，湍急作響。走在地理課本上背過的地名，情緒有些複雜。偌大的峽谷，蜿蜒山路，兩個台灣客孤伶伶地走著。

有些中橫峽谷的氣味，但虎跳峽較為開闊，走著走著，竟有些想家了。

17：00到17公里處，8公里走了兩小時，還有一半路要走呢？ 天黑前到的了吧？！在美景客棧打個尖，是山白臉客棧的分店，木頭房舍甚新。

「先歇歇吧，前頭路不好走，一段坍方及一節獨木橋都需小心過。」老闆娘送上茶及核桃，不忘叮嚀。

　　一路走來，每幾公里就會有著客棧在路旁石塊用黃漆寫的字，「One more hour to Sean's Guest House」，「Good food, cold drink, hot shower, in chateau de woody」，不時地提醒告知激勵之。從都是英文指標看來，中國人是不搞峽谷健行這種傻事的。

　　過了坍方處不遠，果然看到了那「一節獨木橋」。在湍流及峽谷間，獨木橋顯得頗為脆弱。望著那50公分寬、2公尺長的木頭發怔，第一步跨出前，你的這一輩子快轉地閃過。

　　「你先過，我幫你拍照。」Greg說。

　　一咬牙，過吧。快步向前，回頭看Greg在2公尺長的獨木橋前佇立，一切慢動作重演，按下快門。

　　為什麼簡單的Trekking 竟成了Eco Challenge in Discovery，挑戰起大自然了呢？

　　19：00，23公里核桃寨終於到了，14公里走了四個鐘頭。

　　決定按路標指示在Sean's Guest House住下。

　　有個簡單的客廳，一張矮長桌，幾張大木椅，重點是那望著對岸崖壁的

大玻璃窗，有此景緻，簡陋些也無妨。裡面已有三個背包客，二名老中是廣州人，一路從甘肅下四川入雲南。另一名是老外，Fred是荷蘭人，住鹿特丹。是的，今年二月自己才去看過影展的城市；幾個清晨慢跑過的地方，原來是他念的大學及常混的區域。剎那間熟絡起來，相約九月如到荷蘭騎車，將在鹿特丹重聚小酌。

對啦，是該叫啤酒來喝，走得頗累的一天。

小勇及小鄺是在廣州一塊兒工作的同事，家電製造廠，同時下崗 （大陸說的離職遣散），決定出來散散心。Fred在鹿特丹念商學院，到新加坡實習半年，回去前決定在亞洲好好走走，考慮是不是回去再唸MBA。自己是剛結束網站工作，Greg是Freelance攝影。五人兩種語言，時而聚焦時而交錯地進行聊天。

點菜，決定各點一盤合著吃。涼片西紅柿、黃瓜肉絲、炒蘑菇、干炸牛肉、炒白菜及雞肉菜湯。Cheers乾杯，頓時不覺窗外風雨交加的淒清。

Day 2：懶人背包客 The Lazy Backpackers

清晨，三組人往不同方向前進，我們決定留下來思考人生。

10：30下江邊。按著山泉旅館（Sean's Guest House）女孩的指示，一路

往下。路面時而沿著梯田蜿蜒,時而穿越農舍,時而繞過一株株核桃樹;不是想像中的明顯路徑,每一個叉口都需觀察思考判斷。江邊湍流聲越來越近,而路也越難走,開始在灌木叢石礫中尋找前人的足跡,一個不小心就走到個無跡可尋之處。

手腳並用戰戰兢兢,11:30抵江邊。金沙江,真是黃沙夾泥和水而下,近看並不混濁,仍有幾許清澈。找一塊安穩的踏石,跪著摸摸江水,幾許冰涼潤潤唇。

滿足地坐於大石上,看著江水。是急流拍打岩壁的浪花,是江水遇石後的漩渦及緩緩回流,而又被爭先恐後的湍流再次壓過。

滾滾金沙南流水,千古英雄今安在。在江中當個快樂的沙子載浮載沉,一路看遍兩岸景緻,這也就夠了吧!望著江水發呆。

「Excuse me, does it still have something to eat?」剛在山白臉旅館落腳,才點完菜,就出現了獨行客老外。

「We just order our lunch, if you don't mind to take the Chinese food, you can have lunch with us.」三菜一湯,兩個人還真的是吃不完,可是點少了又覺得虧待自己,何況上午那上下江邊也是搞得一身汗。

「OK, thanks!」土豆南瓜、青椒肉絲、麻辣豆腐加酸辣湯,希望這老外

還吃得慣。

先叫了瓶啤酒，原來是德國人，果然不辱國風。啊哈柏林人，另一個有些稍許記憶的城市。心理系畢業，在研究所與就業中掙扎著，決定先出來旅行，這一走已是五個月。泰國寮國柬埔寨越南香港台北，喔台灣還繞了一圈上過阿里山。

之後是中國大陸，還要走多久？再五個月吧！

竟然出了陽光，高原氣候果然多端。三個人拉了椅子，坐在面對崖壁的花園陽台上。看著光線雲層山嵐在山崖上的變化，好近又好靜，金沙江的湍流聲成了遠方的背景音樂。三個人都沒說話，曬著太陽，看山。

「What kind of book do you bring with you?」總是好奇別人的旅行讀物。

「Lonely Planet《China》, of course.《Animal Farmhouse》and the《Ulysess》of James Joyce.」德國佬回答得有些靦腆。

《尤里西斯》，不會吧！是失眠良藥嗎？

「You know, it's just like your bicycles, you bring it with you, but you don't have to use it all the time.」好小子，反將一軍。

總是住在青年旅舍的通鋪間，有時那八張床的房間，只有你和另一個有些文靜的女孩。這時候，可以將被子掀起一角，將《尤里西斯》翻開，不

經意地置於枕邊。Usually it could be a good start.

　　帶著深度遠視眼鏡，舉止有些John Malcalvich的纖細與戲劇化的德國佬這麼解說著。

Day 3：Farewell Gorge

　　醒來，山依舊佇立，人還在虎跳峽。

　　09：00，上路。問清楚路程與方向，一小時步行後，右手邊會有新渡口標誌，搭渡船過江，再走一個小時到大具。13：30有巴士回麗江。

　　回首，山白臉客棧已變得好小，再轉個彎就僅存在記憶之中。

　　三個人沉默地走著，偶而一人停下拍照，另兩人於前等著。一路走著依舊沒什麼人：一位老伯，一台載石小貨車。開始是下坡路，叮叮咚咚的牛鈴聲先傳來，接著看見這四人二十頭牛的放牧大隊，站在路邊看著，Greg突然指指我，有些搞不懂地看著他及自己身上，喔紅T-shirt，不會吧牠們看起來這麼溫馴，嗯，避避也好。

　　下到老渡口的路比想像中更長更遠，每幾分鐘總要問路邊的種田大娘，老渡口往哪兒走，不遠啦往下就到了。穿過梯田，路已是崖壁邊的碎石小

路，終於看到隔岸的渡船，船夫也見著我們，不急不徐地從對岸山腰走向他的船。

　　船先向上游斜切，往前個十公尺再慢慢轉向，頂著流讓河水將船推向對岸。渡江約莫是三分鐘時間，三個人一人十元。

　　回到麗江。網咖裡，三個人喝著啤酒，各自留下連絡方式，各自祝福之後的旅程。有種共同患難過的了然於心，不必多說。然後才想起來要問各自的姓名，德國老兄叫Patrick。

　　「I think it's time for me to go back to read 《Ulysess》, there is a lovely Canadian girl stay in the same dormitory with me！」

　　去吧，希望你的《尤里西斯》管用。Ovitazen！

本文刊載於壹周刊第13期2001年8月23日

帶一本書去騎車

《亞洲腹地旅行記》斯文赫定，遠方出版社
走在虎跳峽的山谷中，一路傍著金沙江，背包裡擺上這麼本書，那種走馬幫或十九世紀的探險旅行之感，就對著人穿越而來。

越南、沙壩、一個女孩叫蘇

Looking for Sue

邊境海關，跟著當地人一樣推著腳踏車排著隊準備過關。

中越邊境的河口大橋，橋上都是單車一族，只不過當地居民均是動輒上百公斤的兩個大籮筐，裝滿各式農產品及乾貨。我們則像是紈綺子弟，新車勁裝兩個車袋擺個三十公斤就喊重，遊山玩水而來。

搭過臥舖火車嗎？

不知是好奇或者是為了省錢省時間，每回出國旅行，只要是有搭長程火車的機會，總會試著去搭那夜行臥舖。

在義大利搭過，從羅馬到威尼斯，一夜好眠，在清晨的水都中醒來；聖馬可廣場旁是一排黎明即起的釣客，攝氏4度的二月天，我們瑟縮地佇立在岸邊，等著咖啡店及旅館的開門。

在西班牙搭過，男女分間而眠，不管你們是夫妻或男女朋友，一種天主教國家的矜持。馬德里到里斯本的夜車上，遇見三個米蘭大學生，當場將臥舖改成Pub，從背包裡拿出伏特加及果汁、冰塊，點起菸草，放起音樂。一夜狂歡的奇特記憶。

在大陸搭過，濟南到青島，和大陸老兄進行整晚的統獨大辯論，在各自都覺得盡到責任義務後，彼此安然地睡去。

過往記憶如窗外快速閃過的風景，我逐漸回復了神智──床邊是單車袋，對床是Greg；這是硬臥，這是滇越鐵路。兩人仍在「滇越單車行」的旅途中。

窗外天微亮，雲南高原的涼爽在一路往南，緯度漸低後，已轉為有些熟悉的濕黏；濃密而狂野的芭蕉幾乎要奪窗而入，黃濁的元江仍在鐵路旁伴

隨而行。

「起床囉，河口待會兒就到了。」俐落的女列車長一間間地告知。

河口、老街──輕騎過邊境

河口車站一派新穎，尚未完全啟用，是準備迎接國際遊客的外貌；但昆明往河內的國際線列車每周僅有周五一班，我們這班火車到此落幕。乘客以歸鄉人、單幫客商居多，和Greg兩人看來像是唯二的遊客。

問清楚方位，車站離邊界才一公里。組車吧！準備騎進越南！

騎在河口街上，就一條主街，是個五分鐘便可繞完的邊境小鎮。黃牆綠瓦，已有著老年代法式殖民建築的風情；農產品與摩登家電通訊商品在街上參差排列，有著邊境貿易城的活力。再看一眼中文招牌說幾句中文，竟有些眷戀。

在岸邊綠蔭下喝杯芒果汁，望著對岸的越南農舍，準備和中國告別。

邊境海關，跟著當地人一樣推著腳踏車排著隊準備過關。

中越邊境的河口大橋，橋上都是單車一族，只不過當地居民均是動輒上百公斤的兩個大籠筐，裝滿各式農產品及乾貨。我們則像是紈絝子弟，新

車勁裝兩個車袋擺個三十公斤就喊重，遊山玩水而來。

橋上可以照相嗎？問著邊境守衛，可以。那就來吧！到此一遊紀念照。

沙壩印象

「沙壩，越南西北部的最佳去處。」寂寞星球（Lonely Planet）這麼開場介紹。

過了河口是老街，離沙壩還有35公里。以十元美金找了台吉普車。

公路蜿蜒而上，和Greg坐在吉普車後座，兩台單車拆掉前輪置於身後。高度漸升，微涼的山風吹掉些六月天的暑氣。幾個轉彎後，路上出現了背著竹簍踽踽前行的少數民族，窗外是高山是雲海是山嵐，人車漸稀，心亦逐漸沉靜。

沙壩，在河內西北方300公里處，是法國殖民時期的1930年代，法國人所開發的避暑休假勝地。1,600公尺高的異國小鎮，足以治療阿爾卑斯山子民的懷鄉之情，幾條登山小徑可造訪鄰近的幾個少數民族部落。

小鎮上其實就那麼一條主街，教堂、操場、斜街，及街上一群群戴著圓筒帽，雕花大銀耳環，藍衣鑲花邊，藍綁腿再加上米色橡膠涼鞋的小女孩。據說這是黑蒙族（Hmong）的標準裝扮。

「Will you buy one from me?」

小女孩眼珠中充滿著期待，手上拿著枕套、背袋、帽子等色彩繽紛之少數民族工藝織品。總是三兩成群的十歲女孩，或在街上遊蕩，或和世界各地來的登山客閑聊兜售手工藝品。這是沙壩街上習見的風情。

像是個磁鐵，又將人再度召喚到此地。是這法越建築相間的小山城，是這背包客、少數民族各自閑散的街上風情，是要在這山林中小騎一段的圓夢。可能的話，要繼續尋找上趟旅程，始終未曾謀面的黑蒙族女孩——蘇（Sue）。

Looking for Sue

傍晚，街上頗為熱鬧。爬山的外國遊客紛紛歸來，少數民族的小女孩們亦開始在街上遊走叫賣。和Greg兩人一身勁裝，騎著單車從山林返回街上，停在一群黑蒙族小女孩前。

「Excuse me, I am looking for Sue, do you know where she is now?」問著小女孩。

小女孩好奇地望著我們，開始向其解釋：我們並不認得蘇，但受朋友

之託要跟她打聲招呼。蘇不在街上遊蕩了，她去了家越南人開的小客棧工作；小女孩們東一句西一句地拼湊出蘇的現況。

那，可以帶我們去找她嗎？

小女孩們吱吱喳喳交頭接耳，終於決定派出代表兩人帶我們去。

「Looking for Sue」這故事得從幾個月前的北越行說起，朋友蔡大哥提起他在當地認識一個黑蒙族小女孩，上回來時在街上問遍各個小女孩，到後來連小女孩們的開頭招呼語都是在問「Did you find Sue?」這回終於要見到面了。

小客棧前等著蘇，時間開始慢了下來，街上的聲音漸漸淡去，從房子深處小小的身影緩緩走來；一種要從夢境中醒來的不真實感。

看見女孩的臉孔，微笑著，穿著黃色夾克，仍是個十一、二歲小女孩模樣。自己也笑著，像是見著一個許久未見的友人。

「Hello Sue, this is Aho, I am the friend of Mr. Tsai. Do you remember Mr. Tsai?」

是啊，我記得蔡先生，他人很好跟我們買了好多東西，但是他不會說英文。蘇的英文講得頗快，但還算清楚。

那你知不知道兩個月前我們有找過你？知道啊！後來聽說了啊！但那時

候我在村子裡啊！原來她也知道我們在找他，可能像我們這種無聊人士並不多吧。

那你明天有沒有空？帶我們走山路去你們村子？

蘇略為遲疑，想了想後點點頭。那就明天早上九點半在這兒見囉！

「OK, see you tomorrow!」

Trekking with Sue

九點半和蘇碰面，陽光已開始舒展筋骨。

走出小鎮，沿著山邊緩降的小路由柏油路面轉為碎石路面。沙巴的喧嘩逐漸為山林的幽靜所取代，映入眼簾的是竹林的綠蔭，是坡地的牧草，稍遠處是層層疊起的梯田與部落房舍，橫亙相隨的是綿延而下雲巒浮揚的黃連山脈。

「I don't want to lie, I am already fifteen years old.」蘇的步伐輕快，不時地要停下來等我們兩。其實是看不出來有這麼大，是黑蒙族女孩個頭均較小，或是無憂無慮的民族性情，再怎麼看也頂多像十二歲的女孩。

蘇十五歲，家中四個女兒，她是老二。大姐二十歲，已嫁人生子；三妹在街上，四妹還小呆在家中。媽媽則大部分在田裡工作。

你英文說得很好啊！

才不呢？ 你騙人！我的英文都是在街上學來的。蘇笑得有些靦腆。

十三歲前多在家中帶妹妹，也幫忙做農活。十三歲開始跟著姐姐到街上販售工藝品，英文就是兩年時間在街上和外國人邊講邊學聊出來的。半年前去上學，但一學期後，學生人數又不足而無法開班。現在呢？在越南人的客棧中工作，才剛開始沒多久，但已經想回到街上了。

路上也有些登山客，多是三兩成群加個當地導遊，看我們和蘇走在一塊兒，有些訝異也有些羨慕。

走在回家的路上，蘇走走跳跳。一會兒摘片葉子吹，一會兒撕下竹子嫩心說這是她們的零食，一會兒又到山澗邊洗洗手腳消消暑氣。拿著紅色雨傘，時而撐起遮陽，時而收下。

一個半鐘頭到Lao Chai下山口，終於要下她們部落；路面由碎石轉為土路。蘇在前頭帶路，但走的都不是彎曲的上路，而是直線下降的捷徑。只見她三兩個踏腳點便已到下一個彎口，我則試著以其方式跑下，苦的是穿運動涼鞋的Greg，背著相機一路下得戰戰兢兢，深恐打滑。

「喂，這不是給人走的路吧？！這是給山羊走的。」 Greg抱怨著。

黑蒙族部落，高山農牧為生。梯田傍著山坡升降，水牛木犁伴隨著部落

數百年不變的生活。吊橋，文明到此止步。河對岸，電力與機車均無法進入。走進住屋稀落分布的Lao Chai村，另一群更年輕的小孩圍了上來，其中還包括蘇的小妹；不敢停步，怕一停就真的抽不開身。

蘇的家在較偏遠的山腰，以黑蒙族不甚高明的建築技術而言，約莫是個勉強可遮風避雨的小木屋吧！但家永遠是家，看蘇那兒罵一聲狗，幾個五六歲的表弟妹們圍了上來紛紛要報告這星期發生的故事，隔壁向阿姨打聲招呼，儼然有著大姐頭與女主人的自在。

我們兩則被下村落的土路及陽光整得，只能坐在小板凳上喘氣；在烏漆抹黑的房中，過了許久才回過神來。

餓了嗎？我可以煮飯喔？蘇問著我們。

房內一側是臥室及廚房，但蘇解釋那廚房的矮灶主要是用來煮染布的顏料，另一側散於地上的爐火，方是主要煮食之處。看著蘇指揮著眾弟妹，這個去拿材火，那個去拿豆子，她則忙著淘米洗鍋。

所以，你們全家人都睡在臥室裡嗎？好奇那甚小的臥室擠得下五六個人嗎？

房子裡那兒都可以睡啊！想睡那兒就睡那兒。蘇這麼回答。

中餐是一鍋白飯及一鍋煮豆，很簡單。蘇說她們所有的食物均可自給自足，唯一要上村子買的可能只有鹽了。充滿感激地吃著。

飯後，阿姨來賣手工製品，十來件物品三兩下便被兩人搜購一空。

上路了吧！還要去Tavan村是嗎？下午二點蘇問著我們。

有些不甘願地移動步伐，外頭仍是白燦燦的陽光，身子是午飯過後的鬆散，但蘇是向其工作的客棧告假陪我們出來，也不好多說什麼。

Tavan是Zai族村落，用了許多竹編建材，小孩們多著綠衣頗有中原古風。想來有趣，兩個村落隔不到一公里路，但已是全然兩種風貌。

另一座溪邊吊橋，眾家外國登山客均在河岸邊小憩。點根菸，靜靜地看著溪水，蘇則從背包中拿出了小木笛，和著水流聲輕婉地吹著。

回程是上坡路。下山走了兩個鐘頭，上山呢？

「喂，知道現在幾度嗎？38度耶！」Greg看著他的小溫度計嚷著。難怪，走得有些暈眩。但蘇似乎有些急著趕回去工作了，繼續走吧。

一路上遇見眾家返程的登山客，一個個紅通，各自擠出笑容相互鼓勵。

18：00回到沙壩。旅舍前三人告別，有些不知該說些什麼。

「So, thank you, Sue, today is a great trip, we will remember it.」

蘇低著頭不說話，許久，抬起頭，又露出其燦爛的笑容。

「So later, will you buy something from me?」

「Yes, we will.」會的，蘇，我們會的。

清晨，山嵐將番西邦山（Fansipan）整個罩住，只見一片雲海全然不見山的蹤影。

沙壩街上是狂歡一夜後的冷清，仍有些許霧氣。兩人靜靜地整理單車行李，再看一眼在腳下的Green Bamboo Hotel，對望一眼，上路吧？！

旅程即將結束，雖然還有一段老街河內的火車要搭；河內還有著那百年老飯店Sofitel Metropole等待著兩位單車客，用一晚的五星級住宿，向這千里單車遊告別。

但對我們而言，這段沙壩老街35公里的下坡路，已是這三個禮拜滇越單車行的句點。

Tam biet Sapa，沙壩，再見。

本文刊載於壹周刊第16期2001年9月13日

帶一本書去騎車

《world food vietnam》lonely planet
迷戀越南河粉而來到越南，但路邊攤及觀光客餐廳之間，可有其它選擇？！
這是越南美食行的挑戰。

那一天我們騎過老荷蘭
Once upon a Time in Dutch

堤岸一路延伸，劃開兩岸的水面，孤伶伶地獨自疾奔。

有些感受到荷蘭人與海爭地的氣魄與無奈，騎於其上，

也有著念天地之悠悠的氣氛。回頭看友人W，正奮力地踩著踏板。

「喂，老先生，你怎麼沒說風這麼大，這不是跟騎山路的爬坡一樣費力嗎？！」

楔子——四百年前的胡椒熱

1594年，阿姆斯特丹，一間人聲鼎沸的小酒館。面窗的一長條桌，幾個男人圍桌而坐，桌上散布著帳本，航海地圖冊，桌邊還有著地球儀。

「到底你們是要不要加入？到亞洲買胡椒，四條船二百人，兩年時間，二十倍的回收。這種生意你們還不做？」黑帽捲髮黑袍穿著的男子在桌邊揮舞著手。

「那葡萄牙人的海軍怎麼處理？海面都是他們控制的。」另一桌角男人質疑著。

「控制個屁？他們連英國海盜都對付不了，更何況海面那麼大……」

「這胡椒生意，看來是不做不行的，不卡位，西班牙人、英國人也會加入。」

主席模樣的男人舉起手，將紛亂的討論平息下來。

「這生意該做，有利潤當然也會有風險。我們幾個省分各自出一筆錢，再加強船上的武力；葡萄牙海軍能躲就躲，躲不過就打囉。生意嘛，總是要賭賭看的，賭贏的人，是拿下整個亞洲的胡椒市場。你們覺得呢？」

桌上一片沉默。

「我加入。」第一個聲音劃破沉寂。

「算我一份！」、「我們也加入！」⋯⋯最後九個人共同舉杯。

1595年荷蘭第一批胡椒船隊掛帆遠渡，1597年滿載胡椒而歸。

1602年，荷蘭東印度公司成立（VOC, United East India Company），被聯省政府授權，擁有非洲好望角以東的貿易獨占權；同時可自行組成軍隊以保護貿易之順暢，並可與亞洲各國單獨簽約，及在亞洲各地建立碉堡與港口。

1624年，荷蘭東印度公司來到福爾摩沙，建熱蘭遮城，開始其為期三十八年的統治歷史。

從阿姆斯特丹開始

2001年9月，和友人W從台灣來到荷蘭，帶著兩台單車。

阿姆斯特丹這城市來過幾回，不算陌生。

第一回來到這慾望城市，當然要拜訪那綠白相間招牌的Coffee Shop，看眾人不遮不掩的吞雲吐霧；面帶微笑地和國家博物館林布蘭的「夜巡圖」（The Night Watch）中人一一點頭招呼，梵谷博物館中強作鎮定地與文生老兄擦身而過。

那回是由巴黎來訪，由巴黎人對英文的冷漠，而至阿姆斯特丹時發現路上行人皆是一口流暢英文，法文、德文亦可隨口應答；甚至他們看的出你應不是日本人，而試著用簡單中文與你打招呼。依稀領會一商業小國該有的本事。

　　第二回則熟門熟路地漫步於王子運河（Gracht Princess），在Spui的眾家百年Brown Café間穿梭，一口琴酒（Ginever）一口Amstel啤酒，小酒館中一桶桶滿載好酒的橡木桶，標示著各個公司行號各個商業公會的名號徽章。日出而作，日落而飲，在杯恍酒影中連橫策縱，談成一件件生意。望著運河邊的山型牆屋，每個頂樓都有著掛勾滑輪，三百年前也是這麼從船上將貨物吊上頂樓的倉庫儲存。商業運作就這麼一代代地傳承而下。

　　這回讀過歷史騎著單車而來。騎過運河騎過橋樑騎過電車軌道，和這個城市一輛輛的典雅單車相會交錯。一時間，自己像是個光點，在這城市的老地圖中緩緩移動。

　　阿姆斯特丹大學，原來是那東印度公司的總部。當年這兒掌控著整個亞洲的胡椒茶葉瓷器的貿易進出，遙控著雅加達（舊名巴達維亞）與亞洲各國的生意往來甚至是宣戰締約。如今則是青春洋溢的學子的學習殿堂，冷眼看著於其門窗前晃然不覺而過的各國遊客。

　　教堂，碼頭甚至是航海博物館旁的三桅帆船「阿姆斯特丹號」及陰沉

不定的雲彩數百年來，目送著一艘艘船揚帆東去，揚起當年黃金時代的榮光。而一艘艘載滿東方貨物歸來，成就這城市商業、製圖、藝術上的繁華。

塵囂靜謐一水之隔

清晨，天色已白，但這一排懸掛於公寓外牆的霓虹單車依然亮著燈。單車旅館（Bicycle Hotel）在這城市的南方，藍領、大學生、年輕藝術家及第三世界移民共同組成這Pijp區的樣貌與節奏。運河吊橋的浪漫已不復見，電車市場帶來更真實的生活氣味。

該上路了。從單車旅館的地窖裡牽出單車，將兩個後車袋裝上車架，檢查車輪的順暢度、煞車及碼錶，看著在一旁做著暖身運動的友人W。兩人對望一眼，點點頭，走吧。這趟荷蘭單車行，終於要開始了。

往北騎，按照《單騎荷比盧》（Cycling the Netherlands, Belgium, and Luxembourg）一書的指示，先騎到中央車站，搭渡輪過江。

一路騎上渡輪，但怎麼不見渡輪票亭呢？看著周遭的當地人，一派自在的牽著單車，還是先問一聲吧？！

「Ticket? No, you don't have to buy the ticket, the ferry is free.」

　　免費渡輪？！有這種事兒？那接下的路程，要找機會搭遍荷蘭的渡輪。

　　中央車站的尖塔及城市身影逐漸遠離，當年開往東方的荷蘭水手，也是這樣地看著他的城市他的土地消逝的嗎？帶著恐懼航向那仍舊混沌不清的航程，航向那胡椒遍地的亞洲，中國的明朝皇帝，日本的幕府將軍……種種的傳說想像將使這一趟兩年的行程經歷，串成一輩子的記憶。如果，能活著回來……

　　對岸，已是鄉間景緻。映入眼簾是綿延而去的綠色林木，木屋點綴其間，而一路貫穿迎向遠方的則是那單車專用道。

　　是啊，就是為了這15,000公里的單車專用道而來的。這個比台灣略大的國家（41,000平方公里），是如何以單車打造出整個國家的生活步調（一千五百萬的人口竟擁有一千六百萬輛單車），由小至老由生至死，單車成為生活成為記憶成為驕傲。台灣，這個單車製造大國呢？這塊土地上的單車專用道，有500公里嗎？

　　騎吧，Marken，往這個馬肯島騎去。這些疑問，看是否在騎完一個月後，能找到答案。

海洋荷蘭──內海小島舊港

　　白底紅字的單車指標開始出現，引導著人前行；或是在窗明几淨的住宅區中穿梭，或是在公路旁的單車專用道前行。每當你開始猶疑這方向是否有誤時，單車指標總會適時現身，告知你正方向無誤地往著馬肯（Marken）前行。

　　九月天的荷蘭鄉間是整片綿延的綠，黑白相間的乳牛群點綴其中。由公路右轉，空氣中已有著海邊的濕度與氣味。遠方有著風車的身影，友人W興奮地往前乘馳，自己則強作鎮靜：這一路上會有數不盡的風車吧！

　　騎上堤岸，豁然開朗──水面直連天際；這是馬肯海（Markenmeer），是須德海（Zuiderzee）的一角。那個歷史課本中的名詞，那個童話故事中小男孩用手指堵住堤岸漏洞的所在地。在1932年須德海堤築成之前，這海面數百年來載著東印度公司的三桅帆船，航向北海，繞過蘇格蘭，繞過非洲好望角，往那遙遠的東方駛去。

　　堤岸一路延伸，劃開兩岸的水面，孤伶伶地獨自疾奔。有些感受到荷蘭人與海爭地的氣魄與無奈，騎於其上，也有著念天地之悠悠的氣氛。回頭看友人W，正奮力地踩著踏板。

　　「喂，老先生，你怎麼沒說風這麼大，這不是跟騎山路的爬坡一樣費力

嗎？！」

　　無言以對。是笨了點，這個低地國一路平坦，但舉世聞名的風車景象其來有自，風車多是面北迎風運轉。但，總不能第一天就掉頭，順風南下吧？！

鯡魚午餐——福倫丹

　　真的不停地搭渡輪，從馬肯到福倫丹（Volendam）又搭了一程，這回要收費了。

　　馬肯是個漁港模樣的小島，盤算一下時間，先到對岸再安心地吃午餐喝個咖啡；雖說第一天是個暖身行程，但起碼也得騎個五十公里才算是暖身吧。

　　從小渡輪上牽下單車。福倫丹是個滿布遊艇的觀光小鎮，港邊的海鷗與海鮮小攤不知為何教人想起台灣的布袋港，雖然是截然不同的氣味景象。是民族性的不同使然吧？！

　　海鮮小攤是一碟碟排列整齊配色艷麗的海鮮，或魚或蝦或漬或炸，吃整條的鯡魚挑戰性太大，先吃個鯡魚三明治吧。麵包剖半，擺上幾塊生漬鯡魚再撒上洋蔥丁，光看老闆切弄已教人口角生津。拿著食物走在堤岸，眾

家海鷗熱情地圍繞於你身旁，喂，別搞錯了，這是俺的午餐不是你們的。

喝著咖啡，看著港邊景色與遠方天光，兩台單車安靜地倚著鐵欄杆，一份腳踏實地心安理得的滿足感滋然而生。

遺忘之港——霍倫

「你慢慢騎，我先走，待會兒在霍倫的VVV見。」和友人W揮揮手。

要趕在五點VVV（荷蘭全國各地皆有的旅遊資訊中心）下班之前趕到，以便找到這一晚B&B的住處。另外，也想看看這港口的落日景象。

霍倫（Hoorn），荷蘭黃金時代的名港。雖不如阿姆斯特丹的全國矚目，但身為東印度公司六大股東城市之一，在十七、八世紀亦曾繁榮一時。

敲定住宿後，兩人一派悠閒地在老鎮中閒晃。斜陽照在廣場上的雕像，這位老兄是科恩（Jan Pieterszoon Coen，1587-1629），十七世紀的眾多霍倫名人之一。第四任及第六任的荷蘭東印度公司總督，在其任內確定了荷蘭的亞洲殖民布局，當然也包括了台灣的占據。是這位老兄的「侵領國土」，但也是他「慧眼初識」台灣的全球商業戰略座標，這筆歷史上的糊塗帳該怎麼算，只能怔怔然地望著他那數百年如一黝黑的臉龐。

老港口峙立不變的是高聳的入口塔（Hoofdtoren），矮牆上幾個或攀或立

的男孩雕像是博特高（Bontekoe，1587-1630）筆下的小水手，層層桅帆就映著天色一字排開，彷彿數百年的時光未曾移轉，眺望目迎過往的船隻。

這一天騎進歷史

天色漸黑，決定進那已改為酒吧的入口塔小酌。兩人再聊聊後續的北荷蘭路線行程，後面還有得騎呢？！

要搭渡輪橫渡須德海，去騎那運河綠地縱橫的菲士蘭省。

要去北方大城，看那Phillp Starck參與設計的可愛博物館（Groninger Museum）。

要騎過那梵谷畫過的德倫特省（Drenthe），拜訪那神秘的羊角村（Giethoorn）。

要騎進荷蘭的國家公園（Hoge Veluwe National Park），去看那據說收藏最多梵谷作品的Kroller Muller Museum。

這一天騎在2001年的荷蘭。

這一天騎回十七世紀的福爾摩沙。

這一天在路上接到友人電話「你們在荷蘭還好嗎？紐約被攻擊了！」

這一天是2001年9月11日，兩個台灣單車旅人在荷蘭。

帶一本書去騎車

《黃金時代：一個荷蘭船長的亞洲冒險》林昌華，果實出版

你騎在荷蘭，踩踏一個個港口小鎮，看著甚多十七世紀至今猶存的老屋；方漸漸明瞭那荷蘭人為何一波波的往亞洲淘金。

Giant Great Journey旅行車

| 前避震 | 27段變速 | 台幣20,000元 |
| 2000— | 碼表里程：7,581公里 |

2002年單車環法，南橫騎行，2007單車環島
單騎南橫、單車環島練習曲
現停於家中，等待下一回法國的〈波爾多摘星紀事〉

2002年，買了這台旅行車，目標：環法賽。

那年四十歲，人生進入下半場。決定在重返職場前，好好的為自己過個生日，那就去法國騎個四十天吧！每年七月，為期二十一天的法國環法賽事，緊扣著全世界單車迷的目光，1999年美國老兄藍斯·阿姆斯壯（Lance Armstrong）橫空出世，連續幾屆獲得環法賽冠軍，讓這項原本僅在單車界及歐洲流行的運動，藉由美國媒體的大力報導而成為全世界矚目的活動。

一百八十位職業選手，要在二十一天內騎完四千公里的賽程，咱們這遊山玩水的車友，四十天能騎完否？能否騎完，可能不是重點，但法國沿線的各個酒區：香檳區、勃艮地、隆河及普羅旺斯等等，卻是不能錯過的，得好好品嚐。遂邀請有興趣參與的眾家酒友，各自挑一個酒區來參與騎乘。白天努力騎車賞景，晚上方能安心享用美食美酒。

另一個重點，是決定騎上普羅旺斯的置高點：凡杜山（Mont Ventoux），在山上等待著阿姆斯壯等眾家單車好漢奮力騎乘揮汗衝刺的英姿。

那年，四十天的吃吃喝喝環法賽，從巴黎騎到馬賽，2,200公里。

這台阿紅，後來又伴著自己騎了南橫。

2006年，與中年騎士一塊兒參與了友人陳懷恩的電影《練習曲》客串演出。

2007年，擔綱演出《單車環島練習曲》一書的重要角色。

再來呢？會騎向何方？大家都好奇著。

Act 3

尋味：
聞香覓酒

騎車，是為了要好好地喝更多的酒。
—— Doze

秋楓什剎海

Biking Beijing in autumn

總要到你不再「打的」匆忙地從城市這頭趕到那頭，要有那麼一天你有著份悠閒心情，跳上巴士，任著她一站站緩緩地前行，而你看著車外的北京人不疾不徐地踩著單車，一個街口一個街口地與你乘坐的公交車並駕齊驅，你方有點兒搞清楚這城市的節奏。

秋天到來。

對學生而言，是個開學的季節。

對上班族來說，這一年進入尾聲，教人忙著最後的衝刺與下年度的計劃案。

對喜歡騎單車的人呢？是個終於撐過擾人的盛夏，陽光由熾熱轉為溫和，空氣中開始有著久違的清涼……於是你知道你終於可以將塵封一夏的單車稍加擦拭整理……

秋天，當然是個騎車天。

北京印象

「嘿，咱們北京就這個季節最舒服，春天是沙塵暴，夏天是大火爐，冬天的酷寒更別提了；就這個秋天，走在路上都教人開心……」

聽著北京友人說話，其實挺有意思。是從小這麼一路聽著說著，捲舌腔調還有那股說不上來的韻律；乍聽官腔油調，頗有種距離感，怎麼有人說話這麼做作刻意的，又不是說相聲。

但有那麼一天，你走進工人體育場附近的幸福市場，前後左右都是討價還價的在地人，你發現周遭所有的人都說著「相聲」，甚至連那三歲娃

兒跟他爸媽說話，都扯著喉嚨字正腔圓的捲著舌，你不禁宛然一笑。那之後，你開始學著北京人的腔調說話。

對北京的印象也約莫是這麼個過程。

你不會喜歡這個城市，第一眼時。那種金紅黃充斥的色彩，那種高傲睥睨的建築與神態，那個偌大的天安門廣場與毛先生似笑非笑的神情，那種處處是規矩黑白分明階級明確的地方……直讓人覺得像是個每年赴京趕考卻年年不中的落第秀才。

總要到你不再「打的」匆忙地從城市這頭趕到那頭，要有那麼一天你有著份悠閑心情，跳上巴士，任著她一站站緩緩地前行，而你看著車外的北京人不疾不徐地踩著單車，一個街口一個街口地與你乘坐的公交車並駕齊驅，你方有點兒搞清楚這城市的節奏。

於是，你開始想在這個城市騎自行車，像是個老北京人般地四處晃著。

不管是旅遊或是公務，你總覺得要留一天給自己，啥事不做就閑閑地騎著車。

當然，是在秋天就更好了。

北京周末 Weekend in Beijing

秋天，人在北京。

醒來，有著宿醉的昏沈，周六清晨總是如此，這情景在走過的每個城市中不斷地重複發生。搖搖頭，窗外的灰瓦紅欄，及空氣中的乾燥氣味，讓人逐漸意識到這兒是北京。

周五夜總是要喝酒的，不管是不是辛勤地工作了五天，到了這麼個晚上，你呼朋引伴也好、你燈下獨酌也行，你需要些酒精來滋潤血液中的飢渴。

前一晚發生了什麼事？

是在三里屯街上閑佇，而走到你面前的竟然是你高中同學，那個在台北都很難碰到的友人。而相約見面喝酒的是法國友人JP，那個和你從巴黎蒙馬特喝到香港灣仔、喝到四川成都的親密酒友。那就大伙兒一塊兒喝酒唄。

和高中同學談的是那些曾在青春年少時每天出現的名字，如今散落世界各地。

和JP談的是這一年各自的法國行，及念念不忘上回在成都時，由他帶著騎過杜甫草堂、穿梭老街的情景。

「On va faire du velo demain?」（明天要不要一塊兒騎騎北京？）彼此中法文交雜各自帶著幾分酒意地拍著肩膀。

想起來了，這天要帶他騎北京。這個周六的下午，騎騎周遭的胡同……下回再見面已不知是何時何地，騎趟單車是個不錯的紀念。

起床囉！得去跟旅館櫃台租兩台單車呢？！

人人都愛什剎海

北京可騎之處甚多。雄心壯志的可以騎去長城，身強力壯的則可試試西山賞楓，文藝青年當然得一訪北大、清華。但北京太大，這個周末你只想閑散地騎著車四處晃盪。那，就去什剎海吧！

和JP兩人從侶松園賓館出發，在賓館租的自行車有點兒意思，當然不是什麼嶄新的變速登山車；兩台單車各自有些歲月滄桑，想來有可能是賓館職員的車，為主人賺點家用補貼。也好，舊車老街故都，挺對味的。

板廠胡同、鑼鼓巷、帽兒胡同，午後的胡同人稀車寂，彷彿時光停滯了數十年。

　　兩人各自帶著墨鏡，試圖掩飾前一晚的放縱。無需多言，各自享受著這份安靜。

　　過地安門外大街，什剎海映入眼簾。

　　什剎海，元代運河漕運終點，原名海子；後沿湖畔建廟宇梵宮，古剎十座錯落其間，因以為號。

　　喜歡什剎海，每回來北京，總會來走走。相較於北京城內的眾多知名景點，這兒排不上什麼名次，但反而有著過平常日子的安心。

　　清晨的什剎海頗有朝氣，湖畔做晨操慢跑游泳的大叔大娘各據一角；再晚些則是上學上班的人潮車流，擠得小小銀錠橋塞成一團。白天的什剎海則是一片慵懶，從車水馬龍的大街走進湖畔，人的節奏為之一慢，急啥？爭一時爭千秋？就散散步多好啊！夜裡又是另一番景象，湖畔幾家名餐館「烤肉季」、「慶雲樓」、「孔乙已」紛紛點起燈，湖裡有著遊船伴著絲竹一路搖曳而去，只不過會有這份風雅的多是法國人了！夜再深些，流連湖畔的是一對對捨不得分離的年輕情侶；而湖畔一家家酒吧的生意才正開始，逐漸紅火。

　　與JP沿著湖畔繞著。秋日和，大娘在湖邊行道樹間拉起繩子，大辣辣地曬起家中棉被。往后海騎，醇親王府花園已是宋慶齡故居。切到西海，更

是寧靜幾無遊客，能在這附近有個房子該是件幸福的事吧？！和JP聊著做著春秋大夢；拐個彎，是片工地，有仿四合院的建築，有花園別墅，建築商果然嗅覺敏銳，但看來已不是尋常人家可以問津。

西海南沿是一排柳樹，釣客一路排開，一樹一單車，一凳一釣桿。

入胡同尋蘭芳

回后海，先沿著湖邊的人行步道小騎一段，後來沿路的釣客及午憩大叔紛紛投以白眼；好唄，牽著車散步總行了唄！

走柳蔭街，果然名不虛傳；路上的柳樹雖不在湖邊與水映照，但風過兀自搖曳，另是一種風情。恭王府是知名景點，許久未見的遊覽車再度現身，掛著「胡同遊」招牌的三輪車則是依序等候。

決定帶JP去看梅蘭芳故居。想來奇特，從沒看過他的演出或著作，卻一直有份說不出來的情感。是因為也學戲劇，是因為思考著東西方的差異，是因為那張梅蘭芳與卓別林的合照；還是，僅僅想挑個四合院逛逛？！

任著單車在胡同中四處遊走，先捉個大方向，真的迷路了再拿出地圖。

定阜街護國寺街，梅先生故居到了。真的不大，空間是五分鐘可逛完的建築，但急什麼呢？花點時間看看別人的一生，也算難得機緣。外院南房

是主陳列室，圖片歷史匆匆走過；內院北房是故居陳列室，客廳書房臥室起居間均小巧玲瓏；東房是戲服道具，一張手勢圖示看得人目瞪口呆；西房則是販賣部。

望著院中的影壁與樹木發怔：人的一生太短而中國的歷史太長，像這樣的故居在北京豈不成千上百……

「那個是柿子樹，旁邊的是蘋果樹。」紀念館的女士好心地解釋著。

「北京人喜歡種些吉祥樹木，柿子蘋果合在一塊兒，叫『事事平安』。」

「另外一株是海棠，與院子擺在一塊兒，叫『堂堂正正』。」

懂了懂了，謝謝。

JP，走吧！回什剎海旁的「白楓」喝杯咖啡，我再跟你說梅先生的故事。

也聊聊看，咱們不太堂正平安的人生，下回會在何處相逢？！

本文刊載於TO'GO旅遊雜誌2002年11月號

帶一本書去騎車

《酒人酒事》夏曉虹、楊早編，北京三聯書店
看著上個世紀的文人們如何談喝酒這件事，包括北京已消逝的大酒缸，這怎可不再喝上一杯緬懷。

誰要去比利時喝啤酒？

Beer, Trappist, Belgium

那黑黝瓶身所傾倒出的液體，在其如聖杯形
狀的玻璃酒杯中激起泡沫，剎時白浪浮起，
而那酒氣一如青春年少之異性芬香，誘使人
一步步地踩著踏板前往。不想幹嘛，就遠遠
地看著，看那孕育出這麼一瓶Rochefort的
所在地，看那周遭的好山好水。再到鄰近小
鎮，喝上一瓶，將畫面與味覺同時儲存於記
憶之中，這也就夠了。

「去比利時？那是什麼鳥不生蛋的地方？」友人A的疑惑。

「喝啤酒？那兒都可以喝啊？跑那麼遠幹嘛？」友人B的不解。

比利時這個國家，靜靜地藏在西歐的一角。南邊是眾所矚目的典雅法國，風情萬種的巴黎吸引了全世界的目光。北邊是花園國家荷蘭，狂亂的阿姆斯特丹是全球癮君子的聖堂。

於是比魯塞爾的美食、布魯日的中世紀風情、安特衛普的時尚品牌，在這南北兩大光環的夾擊下，均只能是歐洲旅遊團蜻蜓點水的跳板；或是西歐自助遊時可有可無的穿越。

但沉迷於周五夜狂熱酒吧巡禮的你，可曾注意啤酒酒單或酒架上，這陣子多了一批新面孔，它們的名稱陌生且教人不知如何發音：Duvel、Leffe、Grimbergen、Chimay、Orval、Westmalle……小小的瓶身倒出一杯杯的濃稠，一入口則有著新奇的暈眩，仔細一看，酒精濃度比起台灣啤酒的3.5%、海尼根的5%，常多了一倍至8%、10%。有些甚至有著奇特的果香……

看看它們的產地，竟然都是來自比利時。而標籤上常有著教堂的彩繪玻璃，或是修士的身影，或是Abbey beer、Trappist beer等字樣。修道院啤

酒？！這是什麼東東？在修道院釀製的啤酒，由那沉默祈禱的修士所釀製的啤酒，那個處於深山與世隔絕的修道院……

好奇心與酒蟲均同時地被喚醒，比利時開始有著神聖的光環，招喚著自己。

單車火車覓酒行

秋天的早晨，人在比利時的東部大城列日（Liege）。牽著輕裝備的單車，在火車站裡望著時刻表發呆。

「該怎麼去Rochefort呢？」昨天一天的比利時東部騎乘，確定了在這丘陵起伏的地形，長程騎車的拜訪修道院並不明智。那就先將重裝行李寄放於車站的寄物櫃，將單車上火車，一派悠閑的尋酒去也。雖然買了地圖與啤酒書，但依然茫然無頭緒，該是在那一站下車呢？就像一個老外猶疑著去埔里酒廠該是在台中下車或是彰化下車？該是問人的時候了。

「You wanna go to Rochefort! For the beer?」像是由《丁丁歷險記》漫畫中走出的列車長，推推小圓帽，眼睛裡有著「孺子可教，吾道不孤」的讚賞。口沫橫飛地告知去Rochefort要在Jemelle下車，騎4公里路。去Orval，得在Libramont換車到Florenville，還有個8公里的路程吧！

安心的回座，對這天的行程有份篤定。

比利時東部山區的景緻，出乎意料的迷人。起伏有致的綠地，遠方的針葉林群，坡地上遍綠夾黃的秋意；再加上火車的窗明几淨，寬鬆的搭乘空間（是因為不是暑期旺季了吧！），比利時果然是個太過被輕視的國家。

如痴如醉 Rochefort

騎在往Rochefort的鄉間道路上，有份寧靜，沒什麼車，這路像是為你一人開啟，永無止境地向前延伸。

空氣中聞得到路旁樹木的淡香，思緒卻飄到那回與Rochefort啤酒的初逢：是另一個人聲鼎沸的夜台北，酒精慾望煙霧在Pub內飄盪；總是不耐久戰，但友人在場又不能不告而別，那就中場休息在師大路旁的巷道散散步透透氣。走進一家安靜的Café，打過幾次招呼的老闆拿出瓶Rochefort「比利時啤酒，試試吧！」以著美式啤酒的喝法大口入喉，冰涼濃郁厚實的液體滑過胸口，一股暖意自腹部浮起，原本微熱的面頰瞬間滾燙……「喂，這啤酒要倒入酒杯慢慢喝，酒精濃度和紅酒差不多喔！」老闆這麼說。看一眼酒標，Rochefort，酒精11.3%，難怪。

路上的淡香持續，加快速度地前行，流些汗散去昨晚的酒意，修道院裡

是否飄著酒香？

　　其實知道他們家的修道院並不對外開放，由聖本篤一脈傳承的西都會（Cistercien）修道院，除了尊崇「祈禱及工作」（Pray and work）規章外，有些甚至更加上了「緘默」（Silence）戒條。這樣虔誠苦行的修道院，想來也不容我等凡夫俗子的遊客入內喧嘩遊蕩。

　　但那黑黝瓶身所傾倒出的液體，在其如聖杯形狀的玻璃酒杯中激起泡沫，剎時白浪浮起，而那酒氣一如青春年少之異性芬香，誘使人一步步地踩著踏板前往。不想幹嘛，就遠遠地看著，看那孕育出這麼一瓶Rochefort的所在地，看那周遭的好山好水。再到鄰近小鎮，喝上一瓶，將畫面與味覺同時儲存於記憶之中，這也就夠了。

　　Rochefort，Abbey St. Remy，終於到了，果是大門深鎖。修道院與禪寺其實很像，均是選一個遠離人煙之深山林內。這修道院亦簡拙樸實，不復那歐洲眾家天主教堂之仰高繁細。挑個角落休息，看著這一份靜謐。

　　大門開啟，老修士開著車出門，彼此點了點頭。看著白衣咖啡襟的修士服，有種簡單到了極致的美感。老修士向門房交待了些事，向自己走了過來。

　　「如果你想參觀教堂，你可以進去看看，他們正在做日課，可能沒什麼意思吧？！」老修士如是說。謝謝，謝謝，原本就沒打算進去，能看看教

堂已是種福分了。

　　小小的教堂，沒有太繁複的裝飾。推門而進，是一教堂的白牆，燈光暈黃，而修士們的合聲在高挑的空間中迴盪著。拿下了棒球帽，找個後排站著。九個修士，左四右五，老少白黑均有，這向神禮讚的葛利果聖歌可是他們每天的功課？！連自己在內六個人專心地聽著，而自己可能是唯一的非教徒吧！歌聲時輕時高，時而向人逼近時而穿透人身而過，先是迎面而來的壓力，繼而隨著歌聲往上飄升，浮至教堂尖頂，再穿頂而出，飄向藍天雲朵，飄向白燦燦的陽光……

　　不知光陰之流逝，直到修士們合起經書，魚貫而出，方回到人間。教堂旁是倉庫模樣的釀酒廠，啤酒桶瓶高高低低的堆放著，一切無言，鐵門深鎖。

廢墟傳奇 Orval

　　Orval是個美麗的名字，黃金谷地。這個修道院有對外開放可供參觀，但僅限於其廢棄的教堂。火車上似懂非懂地讀著資料。

　　Florenville下車，陽光漸弱，加快速度奮力地踩著踏板，要趕在關門前抵達。要的不多，逛半個鐘頭到此一遊，已心滿意足。那個琥珀色有著腰線

的酒瓶，酒標上是一尾銜著戒指的魚，招喚著人往其金橙色的啤酒河灣沉浸其中。

咦，速度怎麼越來越快，35公里40、45……太好了，竟然是下坡。風馳雷電、鐵馬凌風，怎是一個爽字了得。但這下坡似乎太長了些，快5公里了耶……這邊一路下坡，那待會兒回程時，豈不是，一、路、上、坡。這這這……不管了。

這，這是修道院嗎？怎麼像是到了個中世紀的城堡。運氣不錯，參觀時間到下午六點，還有大半個鐘頭可逛。

所謂廢墟，原來是指從十一世紀起逐漸興建而成的修道院與教堂，十七世紀修道院撤離而留下殘牆空窗，數百年的風雨洗禮，讓布滿雜草青苔的玫瑰窗、拱門、圓柱有著份淒美，舉目所及皆成風景。而一旁於1926年新建的教堂與修道院，兩者一新一舊竟也成了完美的對照結合。

廢墟一隅是個圓形的許願池，十二世紀時一位托斯卡尼伯爵夫人，在池畔沉思懷念其剛過逝的先生，不小心竟將手中戒指滑落池中，遍尋不獲。後至教堂祈禱，返回池畔，一尾魚兒銜著戒指浮出水面……然後，伯爵夫人還願蓋了修道院，這故事被一代代傳誦，而傳說也成了這個修道院的圖騰，成了Orval的酒標。

帶一本書去騎車

 《黃狗》喬治西默農，木馬文化
帶一本比利時偵探推理小說上路，若路過列日（Liege），還可住在這家以作者為名的青年旅館。

後記

回程當然是上坡路，下坡有多暢快，上坡就有多慘痛。

只能想著晚上要找家 Grand café 好好品嚐眾家修道院啤酒。

布魯塞爾要去大廣場參觀一下那啤酒博物館，及啤酒專賣店 Beer Mania。

去安特衛普，要拜訪那不遠的 Westmalle，為這趟比利時啤酒朝聖打上句點。

而最熱門的 Chimay 及最神祕的 Westvleteren 就他日再相逢了。

如何？要不要去比利時喝啤酒？或者下回去 Pub，點瓶比利時啤酒來喝吧！

依舊是騎著單車去喝酒。發現一天的遊山玩水後，來瓶啤酒是個絕配。在比利時，單車上火車亦是不錯的旅遊方式，記得要另外買單車票就行了。

自己的路線是由荷蘭馬斯垂克騎進比利時列日（Liege）。以下之連結均為火車之轉換路線。

Liege—Namur—Jemelle，4公里至 Rochefort

Jemelle—Libramont—Florenville，8公里至 Orval

Florenville—Libramont—Namur—Brussel

Bruxelle—Antwerp，22公里至 Westmalle

比利時的餐飲頗具水準，比起巴黎、阿姆斯特丹均不遜色，再加上消費較低，稍具「覓食」常識即可開懷，別錯過了其佳餚：淡菜（Mussel）、薯條（Fries）。

單車旅遊，住宿的可能性變化較少，約莫只有青年旅館、B&B、五星級旅館幾種。這回在比利時，均投宿於青年旅館（Youth hostel，法文為 Auberge de jeuness）。

列日青年旅館（Liege）Georges Simenon

地址：Rue Georges Simenon 2, 4020 Liege

電話：32-(0)4344-5689

e-mail：liege@laj.be

布魯塞爾青年旅館（Brussel）Jacques Brel

地址：Zavelputstraat 30, 1000 Brussel

電話：32-(0)22180187

e-mail：brussels.brel@laj.be

來杯香檳，好嗎？！

Un café à Champagne

可不可以在這個夏天，騎過全世界單車迷矚目的環法賽（**Tour de France**）道路，在那兩百頂尖好手為每日的黃衫爭奪之際，你緩緩騎過法國鄉間，一路騎過那縱橫阡陌的葡萄田園；當選手們為其當天表現開香檳慶祝時，你也在家小餐廳點瓶香檳，酒杯輕舉地為自己喝采⋯⋯

你開始有著興奮，你開始構思行程，你開始邀約周遭的親朋好友⋯⋯

「如何？ 要不要一塊兒去法國喝香檳？！」

「怎麼樣？是要喝可樂？喝咖啡？還是要喝香檳？」問著Greg與Fong。

「當然是要喝香檳！騎了這麼久，不就是為了來這兒喝香檳的嗎？！」兩人幾乎是異口同聲地回答著。

想想也是，頂著六月天下午的陽光騎車，連世界盃德國對巴西的足球冠軍戰都可以不看，這是有點兒瘋狂，這是有點兒值得為自己喝采。

那天，三個台灣單車旅人，在法國香檳區的小山城Verzenay。

以香檳之名 In the name of Champagne

一開始，你只是單純的喜歡騎單車。

或許是跨上單車，就讓人重返那無憂童年；或許是踩動踏板，你享受著全然身體的運作與放鬆；你只是看著路面的蜿蜒風景，那些迫在眉梢的業績企畫提案不知何時，在輪轉之間自動遺落，彷彿從未存在。

逐漸地，你開始有了周末騎車的習慣。

有時獨自一人，有時邀約三兩好友；可以是景美溪堤岸的閒散騎乘，可以是七星山巴拉卡公路的埋首攀爬；而騎完後的一杯咖啡彷彿是為這周畫下個完美的句點。而會讓你樂此不疲，是因為騎單車後，你終於知道辛亥路三段往辛亥隧道原來是個緩升坡，你發現原來延平北路竟有九段，而碧

潭吊橋之後是直潭淨水廠是屈尺是廣興⋯⋯你買了戶外生活的《大台北都會百科全圖》，翻著地圖就可以開心許久，像是小學開學時發新課本的莫名興奮──你又即將發現一個新世界。

有一天，你突發奇想，下回出國旅行時可不可以帶著單車前往？！

你來到你有些熟悉的東京，你捨棄了當電車痴漢的狂想樂趣，但你享受著如東京人般地在大街小巷裡地自在穿梭，你騎在明治通上一路由新宿騎過代代木、原宿而到青春揮霍的澀谷；而山手線騎上一圈，你彷彿終於搞懂了日本現代化的歷程。

你開始對單車旅行有著不可抑止的狂熱。

也想過單車環遊世界的春秋大夢，但時間金錢的實際考量很快地澆熄那火花，更重要的是你有著太多的好奇，每次旅行每條路線你總是開心而努力地做著事前功課，你尋找著單車與旅行的種種變化組合。你不再貪心地想要一次看完全世界，你只想為每一回旅行都找到其獨特的樂趣。

可以是用一個禮拜騎過日本伊豆半島，泡在溫泉中慢慢地讀著《伊豆舞孃》。

可以是用十天走訪昆明大理麗江，《徐霞客遊記》與《天龍八部》一路如影相隨。

可以用半個月騎過南荷蘭，你跟著梵谷成長作畫的足跡漫騎田野之間。

那，這一年的年度旅行呢？

可不可以在這個夏天，騎過全世界單車迷矚目的環法賽（Tour de France）道路，在那兩百頂尖好手為每日的黃衫爭奪之際，你緩緩騎過法國鄉間，一路騎過那縱橫阡陌的葡萄田園；當選手們為其當天表現開香檳慶祝時，你也在家小餐廳點瓶香檳，酒杯輕舉地為自己喝采……

你開始有著興奮，你開始構思行程，你開始邀約周遭的親朋好友……

「如何？要不要一塊兒去法國喝香檳？！」

香檳城裡的世界盃 All start from Reims

說來好玩，你一向不是個行動派的效率人士，工作生活甚至感情均是如此；但事情一與單車有關，你就像是吃了菠菜的大力水手，You say it you mean it。

於是六月底，真的到了法國；與車友Greg與Fong三人從巴黎出發，真的一路騎進了香檳區。

漢斯（Reims），香檳區的首府，十八萬居民在台灣或亞洲根本算不上什麼大城，但在法國，已是座中大型的城市了。

漢斯的青年旅館遠近適中，由老城過河即抵，乾淨簡單再加上單車可停

入車庫之中，可列為法國單車旅行時的理想住處。

這座上千年的歷史名城，可說之處甚多，但若只提兩項，則香檳與大教堂穩居一二。就像米蘭是時尚之都，漢斯亦可稱之為香檳之都，香檳成了這城的主要商業活動。幾個知名的香檳酒廠如Taittinger、Veuve Clicquot、Pommery等，均在此城設有香檳之屋（Maison de Champagne），供人參觀試飲買酒，是的，有點兒像是各香檳名牌的旗艦店。而漢斯大教堂則是宗教與政治中心，從西元五世紀開始，歷任之法國國王均在此加冕登基；英法百年戰爭與聖女貞德的傳奇亦圍繞著此城開展。

這天在青年旅館中吃完早餐，三人將行囊寄放，三台單車輕裝出遊。星期天的法國城鎮一派清靜，除了傳統市集與跳蚤市場外全無商業活動跡象，徹底斷絕了Fong那逛街Shopping的不實際幻想。這天能做的只有飲酒與祈禱了。

挑了Maxim酒屋參觀，先看錄影帶後逛酒窖瞭解製酒程序是逛香檳酒廠的例行程序。年輕的德國解說員，今天初登場，認真地解說還不時地看著小抄；三個善良的台灣旅人還得不時地發問鼓舞，過程頗為愉快，除了德國老兄在最後竟然忘了要讓我們試飲香檳之事……

　　「開什麼玩笑？ 以後這行程應改為先試飲再參觀嘛！這樣才能進入狀況……」

　　在聊天之中，喝了品牌香檳（Brut，無年份不甜）、年份香檳（Annee）、微甜香檳（Sec），你約莫明瞭三種香檳的細微差異。重點是三杯充滿氣泡的酒精滑過喉頭胸腔胃腸，一股暖意與欣然輕飄浮起，你開始有著微笑，對著酒杯、對著德國老兄、對著這屋內的華麗陳設對著那屋外的陽光。

　　喜歡參觀教堂，不是宗教的因素，但教堂的肅穆常教人那浮動不安的心得以沉靜。偶而小坐，任著思緒飄向天穹，再安然返回，也就夠了。

　　拿下單車小帽，仰頭看著造型各異的彩繪玻璃，緩緩前行。有的是罕見的樹枝圖形，有些則是敘述這城的釀酒故事，有些則是常有的聖經故事。但這片藍光是什麼？有種藍色月暈的夢幻迷離，眾聖徒不再端坐其中，而是飄浮於雲間，有股似曾相識的記憶。看了解說，啊，是夏卡爾（Marc

Chagall）的彩繪玻璃。你想起一位遠方的友人，你們都喜歡他的作品……

返回青年旅館，路上有著夏天午後的濃濃睡意，但偶而從四周屋內傳來的轟然又將人喚醒。是的，這天是世界盃的總決賽，全城全法國全世界的人，此刻都圍在電視機前看著巴西德國的對決；時而讚賞叫好、時而扼腕嘆息……

三個奇怪的單車旅人架上行李，翻身上鞍，悄悄地向這城市告別。

漫騎香檳山路

「喂，確定是這條路嗎？要不要再問一下？」Greg建議著。

三個人在Rilly-la-Montagne這小村的十字街口猶豫著，有人看地圖，有人尋找著周日下午小村裡可能出現的人影，有人則在陰影下休息，一副你們搞清楚走哪條路了再叫我。

找路，其實是單車旅行的樂趣之一。看著1/180000的米其林地圖，地圖上的一公分是實際騎乘時的1.8公里。但如何找出一條適合騎單車的路線呢？A是高速公路，N是國道，都不宜騎車；D是省道，C是鄉道，如果在地圖上是有綠色邊則代表景觀道路，是最佳選擇。

這回還帶了寂寞星球（Lonely Planet）《Cycling France》，有詳細解說法國各區適合單車騎訪的路線與城鎮，你要解決的是在區與區之間它沒解說的連線部分。

「哈囉，找到了，走D26向東就可以到Mailly Champagne了！」

你騎在香檳山區裡，白雲藍天綠色原野，葡萄藤架一條條筆直延展，原來葡萄田是可以遍布這麼綿延不斷的幾座山頭。你騎過一個個小村小鎮，而這香檳山裡的每個村鎮均以種植葡萄釀製香檳為業，每個村都有著數十家酒廠，於是你恍然大悟，原來香檳與紅酒白酒相同，也有著大大小小數不盡的酒莊。但你挑了個周日下午騎乘，每個酒莊前雖都列著Degustaion（試飲）、Vente（販賣）的招牌，但每一家卻又大門深掩，你有著懊惱與無法抑止的飢渴……

你騎過香檳山區著名的風車磨坊，但竟然是家私人酒莊並不對外開放。

你騎過這山區的置高點，其實也只不過是283公尺，你開始一路下滑，但就要這樣子告別香檳山區了嗎？

Verzenay，另一個山區小鎮，但竟然她有著一家Café……

白牆黃傘紅花的「Café le Pressoir」（榨汁機咖啡館）。

「親愛的，你們決定好要喝什麼了嗎？」帥氣的老闆問著我們。

「給我們一瓶香檳吧！有你們村子釀的嗎？」

「當然有啊！」說的也是，這是什麼傻瓜問題！

於是，三人舉杯，祝賀什麼呢？祝賀這酒這咖啡店這香檳山路這趟的法國單車行。將那冒著汽泡的清涼液體一飲而盡，那股清涼順喉而下，那汽泡卻將人輕飄飄地提起，那一瞬間，你忘了在驕陽下騎乘四小時的辛勞，你忘了隱隱酸痛的腿肌……你赫然發現，原來單車與香檳，是另一種絕配。

如何？下回要不要也來杯香檳？

後記

三個人開心地喝完那瓶香檳，各自有些醺然，

各自提醒還有10公里路才到今晚的住宿點Epernay；

問一下老闆待會有無其它岔路？ 應該是一路而下沒錯吧？

沒有岔路，Epernay不遠，但最後還有著8公里的上坡路……

本文刊載於TO'GO旅遊雜誌2002年9月號

榨汁機咖啡店 Café le Pressoir

法國大城小鎮其實均可見到此類的咖啡店，沒有大多的裝潢，賣咖啡、各式酒精飲料及簡單食物，有些還會兼賣香煙（會於其外掛上一紅色Tabac招牌）。法國有此一說，如何形成一村鎮，有教堂、麵包店、咖啡店三者即可成村（精神、物質及休閒等生活機能均備即可）。

香檳山區或許是家家有車、村與村之間的距離甚近，山區裡並未見一村一咖啡店的景象。這家在香檳山區，周日下午開門，在小酒村Verzenay裡的榨汁機咖啡店（Café le Pressoir），於是難得，值得記上一筆。下回有機會去騎香檳山區，搞不好這家依然是你最後也是最好的選擇。

地址：Verzenay, Marne, France（D26公路上，介於Mailly-Champagne及Verzy間）

帶一本書去騎車

《戀酒事典》貝爾納畢佛，大辣出版

在法國騎車，你總是得帶本酒書去旅行，可以是文化趣味如《戀酒事典》，亦可是純資訊的「法國美酒完全指南」。

普羅旺斯之戀
Provence, mon Amour

是的，普羅旺斯的午餐一定得找一家梧桐樹下的咖啡館，你不只是在這兒用餐，你也將在這兒身心放鬆的午憩。

你會記得那天的山城景緻，天上的白雲像是一條飄浮空中的魚，山風好大吹得噴泉水珠飛得老遠，你找到個遠離觀光客的山城一角，你大辣辣地在樹蔭下席地而坐，你想就這麼躺下……讓那陽光山風香草均留諸於記憶之中，讓那喧囂炎熱爬坡路均在睡夢中成為一絲甜美……彷彿再睜開眼，你可回復天真好奇的目光重新看著這世界……

冬日台北 Taipei, winter

　　有份安靜，星期日午後的台北家中。

　　冬日難得的陽光，打掃著許久未曾整理的庭院。掃著落葉，每天都會掉下，甚至是你剛掃完，那株使君子便又不聽使喚的飄落，但總是該處理的，起碼掃過，你會享有五分鐘的整潔。

　　車庫一角，是斜靠著牆的單車，多久沒騎了，兩個禮拜還是更久。蹲下身子，拿塊抹布拂去塵埃蛛網。轉動踏板，還算靈活；輕輕地轉著踏板，有股悄悄的轉動聲，踏板轉著轉著，轉著轉著……

　　踏板是用來踩踏的吧；用手轉動，不是在每天上車前的測試，要不就是有狀況時的調整。

　　那該是用盡全力踩踏之處，在個溫度怡人，地面乾爽，有些寂靜有些坡度的地方。空氣中該有著份大自然的氣味，那種土壤與植物混合加上幾許陽光的氣味。該是穿著T-shirt短褲，有些暖意甚至有些汗水，該是在遙遠的他鄉。

　　那兒，你遠離了工作，你確定了人生除了工作還有更重要的事。（或者因為遠離，你更清楚工作該如何可以做好。）

那兒，家人友人與情人均不在身畔，你開始明瞭他們組成了你的生活甚至是你的生命，你離得越遠，只不過是更加看清更加思念。

但那一刻，你踩著踏板，將全身的重量與全部的思念均貫注於腳掌；你彷彿帶領著他們一塊兒同遊這個山區。

是的，這個異鄉的山區，山路蜿蜒，觸目所及是陌生的葡萄園景與成片橄欖林，鼻中所嗅是股淡淡香氣，那股你在家中擦拭過的歐舒丹（L'Occitane）乳液或是在某間咖啡館品嚐過的西方草茶，或者是花店中偶一瞥見的那叢淡紫薰衣草。

Oui, c'est Provence !

是的，那兒該是去年夏天騎乘過的普羅旺斯。

夏日普羅旺斯 Summer in Provence

法國普羅旺斯該何時走訪，其實見仁見智。彼得老兄的建議是該在那兒至少待上一年，尚皮耶友人說秋天是個不錯的季節；但不知為何，這塊地方你總是和夏日聯想在一塊兒……想想看那亞維儂（Avignon）戲劇節，那阿耳（Arles）攝影節……那山區中大大小小的夏日音樂會（是的，甚多都是就地取材，在那古羅馬遺跡中演唱著爵士、歌劇、搖滾而至電子嘻

哈）。更別提單車人一年一度的盛會──單車環法賽（Tour de France），這兒總是中場決勝點，不管是順時針或逆時針方向進行，夾在兩大高潮戲（庇里牛斯山與阿爾卑斯山）中的普羅旺斯，這一段總是戰意昂揚。

　　第一回到這地方，人總是心情浮躁，你發現景點太多而時間太少，一兩周的時間能領略多少二千年歷史痕跡的風韻。你只能開著車，一站一站的玩下去，直到時間過了大半，你才發現自己的愚蠢，你才放慢腳步，你才放鬆心情。你在山城的咖啡館中坐定，不疾不徐地喝著咖啡，望著鄰桌的閑扯；你拿起書本，悠然地讓思緒飄向另一個時空，偶而回過神來看著窗外老先生們樂此不疲地玩著滾球。你發現，這山區開始對你露出一絲微笑。

　　從學生時代一路看下來的法國電影，逐漸浮現。原來到鄉下渡假，除了回祖父母家之外，另一種可能是在這鄉間租一民宿，或一間或一棟，住上一周或兩周，可以什麼都不做的就是發呆，或是以這屋子為據點的放射性

遊走。北方與南方，城市與鄉間，急促與悠閑，原來這情形舉世皆然。

那麼，親愛的，下回到普羅旺斯騎車如何？

山中一日 One day in Provence

幾年後，你重返舊地，你帶著單車，像是履行某種承諾；但你有些記不清是對誰許下的承諾——是對她？是對自己？或是對普羅旺斯？

你騎上車，彷彿這一日的單車遊，與在家中近郊或台灣南部鄉間的騎乘別無兩樣。但景物依舊中，你知道有些事似乎只能成為回憶。

這天上午，從Venasque出發，出城時看了一眼路標；原來這小鎮是「l'un des plus beaux villages de France」（法國最美麗村鎮）之一。

九點半上路，越來越早出門，要在普羅旺斯陽光尚未日正當中前，盡快趕路。在盧貝宏山區裡騎車，沒排太長的路途，一路較悠閑地認著橄欖樹、絲柏、桃樹；那些在梵谷筆下常見的植物，於是不再全然陌生。

Abbey de Senanque，俗稱薰衣草修道院，這上午在群山中上下穿梭的拜訪重點。

修道院果真多是在偏遠山中，轉個彎，那明信片中常見的修道院身影緩

緩現身。

　　樸實無華的建築在紫色阡陌的薰衣草田襯托下，自有一份動人；但那紫色怎麼淡了些，騎進一看，是剛採收完的薰衣草，仍一簇簇綑好置於草叢上。這……這怎麼向一路奮力騎乘，但求見一眼薰衣草的友人W解釋？

　　Gorde，由山上遠遠眺望，另一個普羅旺斯山城。城堡在山頭矗立，房舍環繞而建，而山路蜿蜒盤旋由遠而近。

　　都是差不多的山區城鎮，但這個城似乎有些眼熟，啊，是四年前夏天曾到訪的山城。只不過那回是開車，由下而上；這回是騎車，由上而下。

　　在梧桐樹下的陽台座椅用餐，白色桌窗在嫩綠梧桐葉下襯得白綠相間異常動人。老闆娘與服務員均是白色小洋裝，淺笑倩兮，好一家名為「文藝復興」（Renaissance）的Café。

　　是的，普羅旺斯的午餐一定得找一家梧桐樹下的咖啡館，你不只是在這兒用餐，你也將在這兒身心放鬆的午憩。

　　你會記得那天的山城景緻，天上的白雲像是一條飄浮空中的魚，山風好大吹得噴泉水珠飛得老遠，你找到個遠離觀光客的山城一角，你大辣辣地在樹蔭下席地而坐，你想就這麼躺下……讓那陽光山風香草均留諸於記憶之中，讓那喧囂炎熱爬坡路均在睡夢中成為一絲甜美……彷彿再睜開眼，

你可回復天真好奇的目光重新看著這世界……

春天不遠 It's already spring

踏板依舊轉動，人依舊在台北家中。

是該為單車上上油，這沉寂一個冬天的肢體也該舒展活動活動了（你有些不敢置信也不能原諒自己，竟然如此勤奮地工作，而將單車全然冷落於一旁）。

畢竟冬日將盡，而春天不遠。

親愛的，今年夏天是要去騎北海道嗎？

或者，這個春天，先騎一趟南橫，好嗎？

本文刊載於TO'GO旅遊雜誌2003年1月號

文藝復興咖啡館Café Renaissance

在法國騎車的好處是咖啡館隨處可見，普羅旺斯的眾家咖啡館各有風韻。中午時分挑一家迷人的咖啡館用餐休息，與找一間舒適的民宿具同等重要性。

Café Renaissance背倚Gorde城牆，上有梧桐樹遮擋驕陽，旁有水池消暑，再加上可愛的女侍者，天時地利人和，讓人忘卻一上午的爬坡辛勞。

為筆者評為普羅旺斯最佳咖啡館。（此咖啡館也是電影《美好的一年》拍攝場景）

帶一本書去騎車

 《山居歲月：普羅旺斯的一年》彼得梅爾，季節風
是有點過時，但你若在普羅旺斯騎車，又不小心騎到奔牛村艾普村，還是會教人忍不住想去買個麵包嚐個美食。

Phoenix 上海鳳凰自行車

│無避震│無變速│人民幣340元│
│2004—在上海│里程：500 公里│

西湖騎乘，走訪大運河從杭州至無錫，上海遊走
現停留於上海友人家中，待下回續騎大運河

2002年起，因工作之故，常需走訪中國各個城市；也常利用空檔，借台單車在城市中騎乘遊走，稍稍解饞。

2004年，讀了夏堅勇的《曠世風華──大運河傳》，對這條南起杭州北迄北京的京杭大運河，有著不可抑止的親近之心。但該騎什麼車，在江南水鄉在淮北大地靜靜的走訪呢？不招搖的慢慢一鄉一鎮，一河一橋的細細窺望。

在杭州自行車市場，買了這麼一台中國名車：上海鳳凰牌自行車。

那堅固的車架，黝黑樸實的外貌，停在西湖畔彷彿就融入畫面；騎上這鐵馬，那兒時斜跨車架學騎單車的童年往事，便歷歷在目浮上心頭；沿著運河騎乘，周璇、白光、鄧麗君的歌聲，便輕輕緩緩的響起；風飄雨搖，披上紫色雨皮，便與周遭回家的大叔大娘們匯合成浩蕩車流。

杭州、桐鄉、嘉興、蘇州、無錫⋯⋯時而沿著運河騎乘，時而迷路；這鳳凰號的車胎不時爆胎，還好是幾乎每五里十里的路邊就會有一修車補胎處。亦不知這補胎價格是否是全中國統一不二價，補了幾回，都是人民幣二元。

但鳳凰回到上海，倒是有那麼點鄉下人進城探親的氣味。沒關係，好車我自騎之。在梧桐樹蔭下穿梭里弄，看著那街畔的小洋房亦頗有樂趣。

何時可繼續這一千八百公里的大運河行程：得先回無錫嚐一下太湖三白（白米蝦、白鰣魚、白財魚）、去鎮江沾醋吃蟹，過長江去吃揚州獅子頭，高郵鹹鴨蛋得帶上，到淮陰吃淮揚菜配上洋河大曲應是不差⋯⋯

這個大運河鳳凰美食行，看來真的是得分好幾年 慢慢騎乘⋯⋯

輕遊：
小摺慢騎

騎快，是件本事；騎慢，是門學問。
—— Taipeibiker

騎出一番好滋味
單車、高鐵、台南

如果真想在這個島嶼最慢活的城市——台南遊走的話，準備好一台摺疊車。可以搭乘高鐵前往台南，在這個台灣老城裡騎車遍嚐街裡的美食：從早餐的阿憨鹹粥，往安平古堡路上喝杯蜜桃香的鳳梨湯，中午嚐嚐洪芋頭擔仔麵，下午到「ORO」喝杯咖啡，晚上去阿霞飯店享用蝦捲等美食……

「下回來台灣，你要帶我到台北之外去看看。」上海友人丟下話上了飛機。

自己則開始苦惱，這位在時尚雜誌工作的上海姑娘，該如何處理是好？上海長大，紐約念書，因工作關係又走遍東京、米蘭、巴黎、倫敦；好吃如她，亦嚐遍各地美食……這台灣還能帶她去那兒走走呢？

目光流轉，陽台上擺著同事的新歡，一台Birdy alvio的紅色摺疊車。嗯，帶她去騎騎車可能是個不錯的選擇，悠閑的在鄉鎮巷道中遊走想來應是開心；去花蓮？嗯，騎上太魯閣似乎太具挑戰性！還是走西岸吧！台南，對，當然是台南，步調安逸府城美食，再加上東西古今交錯的建築氛圍；再請她坐回高鐵，時空快速轉移，下了高鐵換上小摺疊車，開始一回城市美食的發現之旅。

老實說，台南這城市，自己也充滿了好奇。

先是從周遭的幾個台南友人開始，對於食物，他們似乎有較高的標準。

「這家意麵不行啦！」

「那個虱目湯差了一點！」

「鹹粥要再熬久一些才入味！」

他們對食物有較高的熱情，亦有甚嚴苛的要求，但結論常是「這還是要

到台南吃才對！」

　　再來是歷史，台南在兒時記憶裡總是與赤崁樓、鄭成功、孔廟等等嚴肅
事物連在一塊兒。但後來你去了北荷蘭幾個城市，當年的港口倉庫民房依
舊，這些荷蘭商人所組成的東印度公司就這麼在四百年前，從經商而成為
這塊海域上的霸權。

　　而前兩年去了日本九州平戶，瞧見荷蘭商社南蠻遺跡，亦瞧見鄭成功的
誕生地（老宅不遠處是條歡樂街，想像這位小朋友在煙花風俗龍蛇雜處的
成長歲月）。換個角度看歷史還挺有趣的。

　　然後是城市氛圍，台南這城市約莫是台灣少數的老城。而一所成功大
學、一間長榮中學，老學校混合著年輕生命力；及這個城市對古老美好的
堅持，總讓人有份從容自在。會看到成大校園的老榕樹，會看到孔廟旁忠
義國小的操場及那無圍牆的校園（似乎是可以每天中午出來吃碗莉莉水果
店的蕃茄切盤再回去上課）；而巷弄裡的一家家咖啡店各自有其安靜與堅
持。

　　這個城市，似乎可以騎上單車好好的逛它幾回。

　　如果真想在這個島嶼最慢活的城市──台南遊走的話，準備好一台摺疊單
車。可以搭乘高鐵前住台南，在這個台灣老城裡騎車遍嚐街裡的美食：從

早餐的阿憨鹹粥，往安平古堡路上喝杯蜜桃香的鳳梨湯，中午嗜嗜洪芋頭擔仔麵，下午到「ORO」喝杯咖啡，晚上去阿霞飯店享用蝦捲等美食……

請不必擔心熱量與體重，一來台南美食多是小份量，二來邊騎邊吃保證你能曲線依舊。

為了能了解這個城市的滋味，旅行讀物亦已備好，是去年剛出版的《慢食府城》一書。

本文刊載於VOGUE雜誌2008年2月號

小摺＋高鐵的四種玩法

若對台灣單車高鐵美食行，仍希望有其它行程以供挑選，我們亦列了另四款行程以供參考：

1. 新竹海岸風情行：搭高鐵抵竹北，騎17公里海岸線，午休草葉集書店，夜食十一街麵食館。
2. 台中綠道單車遊：搭高鐵抵烏日，騎台中市區，午休136咖啡館，夜食法森小館。
3. 嘉義蘭潭隨意走：搭高鐵抵太保，騎大雅路蘭潭，午休鐵道咖啡館，夜食文化路夜市。
4. 高雄愛河夜騎乘：搭高鐵抵左營，騎愛河單車道，午休步道咖啡館，夜食歐啦西班牙餐廳。

帶一本書去騎車

> 《漫食府城》王浩一，心靈工坊
> 台南遊走，沒買這本書幾乎是不行；就算不帶書，也一定得帶上書後的美食古蹟地圖。

騎一條街愛上台南

閒散的是台南生活步調及一切可有可無的隨和性格；矜持的是對某些事物的堅持與講究，如美食、如古蹟維護、如對這城市的自信。

也真的無需想太多，給自己一個小理由也就足夠；其餘的，這城市自會答覆。

但台南快到了……但這回到底要先吃什麼呢？是去永樂市場先吃碗燒肉飯？還是去保安街吃榮成香腸熟肉再配碗豆子湯？還是葉家小卷米粉？

「台南，可能是台灣最適合騎行單車的城市。」

某次答覆一旅遊雜誌的採訪如是說。

高鐵上的飢餓感

坐在高鐵上，往台南，裝著小白的車袋在車廂的前端。

「為什麼會這麼喜歡到台南騎車？也問著自己？」

食物，這當然是最容易的回答。這是個讓每個人都可找到其喜愛食物的城市，每個人到了台南，都會不小心的踏上老饕、美食達人這條不歸路。喜歡吃台南意麵的，可在這城市中數百家意麵館尋找其最愛；愛吃虱目魚及鹹粥的，得第二天起個大早，決定是去阿憨還是阿堂，或是台南蔡甚至是年輕組合的祥聚；而街上眾多的鮮魚湯更是考驗人到底是要去那一家？

古蹟，也可能。畢竟是開台首府，這城市經歷了荷蘭、明鄭、日據，各時期都留下了可觀之處。安平古堡、赤崁樓及國立台灣文學館（原台南州廳）走訪過後，可能才是台南古蹟行的開始。會不小心看見忠義國小的老禮堂——武德殿，會散步撞見神農街的老街木屋，或是民權路上的公會堂……越走進巷弄中，會發現有更多的驚喜等待著你。

宗教，這城市有太多廟宇及教堂。你會看見許多掛著開台首廟名稱的廟

宇及甚多你沒在其它城市見過的小廟：這個轉角是小巧古樸的小天后宮、那個巷裡是供奉孫悟空的齊天大聖宮、而水仙宮裡供奉的海神水仙尊王又是哪幾位？而為台灣基督長老教會南部大本營的台南，台南神學院及長榮中學等西式建築，更讓這城市中流露另一種神聖與庶民同在的氣質。

可能都是，也可能是這城市的閑散與矜持，讓這城市一直誘惑著自己前來騎乘。（閑散的是台南生活步調及一切可有可無的隨和性格；矜持的是對某些事物的堅持與講究，如美食、如古蹟維護、如對這城市的自信。）

也真的無需想太多，給自己一個小理由也就足夠；其餘的，這城市自會答覆。

但台南快到了……但這回到底要先吃什麼呢？是去永樂市場先吃碗燒肉飯？還是去保安街吃榮成香腸熟肉再配碗豆子湯？還是葉家小卷米粉？

騎乘台南的幾種可能

到台南騎單車，最好的方式，是預約一個台南車友。

這車友若是土生土長的台南人，那你會在騎乘時，聽見這位車友的青春物語甚至是家族的歷史。原來鄰近的建興國中及中山國中，一是男校一是

女校，那上學放學途中有甚多的《童年往事》、《小畢的故事》的荷爾蒙與滋味，伴著他們一塊兒成長。而海安路口的那家烤玉米，是他們家這些年吃下來，認定是台南市最好吃的烤米玉……

這車友若是外地人，那更有趣。友人會有幾條路線，帶你認識他所喜愛的台南。喜愛電影的，會帶你走過幾家台南老電影院：永福路的全美戲院是李安導演就讀台南一中時的最愛，而民權路上專放異色電影的新建國戲院，嗯，不曉得李安有沒有去過。熱愛文化的，會帶你走過海安路，各藝廊及眾家老屋，「老屋欣力獎」的十五棟老屋是一定要去拜訪的啦！

而熱愛美食的，嘿嘿，沒人告訴你，到台南騎車不會變瘦嗎？！

主題騎乘法。這種具系統性的騎乘方式，通常會連結到某一本書或小冊子。

你若幸運，前述的「老屋欣力獎」，有本專刊，你可一次看過十五家台南有趣的老屋及其經營方式。

你若拿到台南市政府出版的雙月刊《e代府城》，亦常會有好玩的主題，可供想像。最近拿到的一期主題是〈喚醒記憶，尋找城門地圖〉，可依照書中指示，騎行老台南城牆一圈，並尋找仍存留的三座老城門。

苦行僧騎法的人，可能帶上厚厚一本的《日據時期的台南》，對照著書

中的老照片，一棟一棟建築的探訪留影。

　　若帶的是2007年出版的《慢食府城》，那在台南住下來吧！或者台南你還得來許多趟，那介紹的眾家美食，你需要足夠的時間細細品嚐。

　　一句話騎法。這種騎法最為隨興，也可能最符合這個城市的性格。

　　「想去民生路裕成水果店吃盤芒果冰！」比台北永康街冰店更優，某位台南友人如是說，那就去騎台南一圈再吃他一盤囉！

　　「去東門路橋旁的Dirty Roger聽個黑膠唱片如何？」許久沒想起的台南老派搖滾聖地，去那兒，眾多美好記憶便會隨著音樂回來，騎完車去喝個啤酒應會很爽！

　　「去成功大學光復校區看個榕園好了！」前幾天跟老爸聊到那排紅牆白柱的老建築物，原日本陸軍步兵第二聯隊司令部，現是大成館。「喔，那兒我當年住過啊！我當兵時那是第八軍團的788通訊營，在那兒當了一年多的通訊兵！」嘿，老爸住過的古蹟，這得去瞧瞧，當年的榕樹已是長的如此美好了嗎？！

找一條街愛上台南

　　這回，台南車友均沒空。

那就來展開自己的台南騎乘吧！這回，就認識一條台南市的路如何？讓這條路將自己的台南方位給理清，讓記憶均能擺到正確位置。

去騎開元路，一位台南友人推薦他的最愛。當然是國華街，一位熱愛美食的友人說。五妃路不錯，秀氣寧靜，楓香及洋紫荊圍成的綠色隧道走來挺舒服。

浮上自己心頭的是忠義路。

前兩年重訪台南，半是工作半是騎車。那回住在離孔廟不遠的勞工育樂中心，某日清晨去孔廟散散步。孔廟前有一塊操場，上午時分，不知從哪兒的一群小朋友在操場上邁著小腳，踉踉蹌蹌在操場上跑著，甚是可愛。孔廟及操場旁，還有一新式灰色建築物，在古拙的紅色孔廟及綠樹成蔭的操場旁，頗為清新相融。仔細一看，這是忠義國小，一個沒有圍牆的國小，就簡單寫個牌子，提醒路人上課時間請勿進入；再逛一圈，這國小的禮堂竟是個日式建築的武道館，原來，在台南，這些古老的美好事物是可以被留存下來，並與生活結合在一塊兒的。

這，是忠義路二段上的忠義國小。

「那是我的母校，我就是念忠義國小，啊我們台南的國小都嘛沒有圍牆！」在我提及台南之行的發現時，辦公室裡的台南同事驕傲的表示。

好嘛，這也太幸福了些，過個馬路去吃福記肉圓及莉莉水果店！好啦，這是值得你翹鼻孔抬下巴。

忠義國小南側是府前路，這名稱是因戰後的台南臨時市政府臨時辦事處便設在對面，即現今建興國中位置（這學校是台灣之光王建民的母校）。府前路的另一側為巴洛克風格的台南地方法院。

往南走是忠義路一段，怡人的兩線道在鳳凰林等行道樹環繞下，綠意靜靜地穿梭過樹林路、南寧路、五妃路而停於與健康路的交口，進學國小、中山國中及家齊女中聳立路的兩旁，這是個寧靜的文教區抑或是青春汗水吶喊將應和著夏日蟬鳴！

往北走忠義路二段成已四線道，中正路口西南側是半廢棄狀態的林百貨公司，1932年至今的風光在台，成南應有機會留存吧！過中正路右側是不張揚的鄭成功家廟，陪伴左右的是五帝廟。

往北，民生路上有開到凌晨三點的義成水果店及裕成水果店，天壇旁的阿霞飯店何時才能組一團人前往品嚐。民權路是公會堂及新建國戲院，民族路是赤崁樓、武廟及大天后宮。

過民族路往北，已是忠義路三段。這段路以前是打銀街，倒是沒留下什麼店面及痕跡。成功路口西側是另一美食重鎮──鴨母寮市場。

北抵公園南口，路口是阿憨鹹粥；那回騎北橫，是搭夜車到台南，先來吃碗這鹹粥，再去台南公園暖身，出發上路。

　　回頭看這條忠義路由北而南，由寬闊而至小巧寧靜，在夕陽時分頗為耀眼。

　　懂了懂了，這台南的方位、印象、美食記憶，終於可以依這一條忠義路，擱置清楚曾經有過的美好。

　　再來呢，下回來台南又會是如何？三個城門、五個圓環或是台南運河！

　　你呢，你挑好你的那一條街否？

帶一本書去騎車

《日治時期的台南》國家圖書館
台灣與日本始終處於某種愛恨相織的情緒：對美學紀律的推崇，對政治經濟之無奈。在台南，有足夠的史蹟建築供人遊走思索。

騎完金門騎廈門〈勘景篇〉

還依稀有印象，金門這小島似乎有著全台灣最密集的道路，360公里。想來這些當年因軍事目的而開發的道路，現應成了最好的單車專用道路：車少、空氣好、景觀獨特。看來是可以重新徵召金門行車隊，找晶文、阿並騎過他們當年的駐紮所，找Yabi帶路巡過這島上的一座座風獅爺，沿路挑幾家有趣的民宿，再安心的享用金門美食……

2008年7月4日周五，從台北松山機場搭機飛往金門。預定隔天再搭船往廈門，待個幾天再飛北京洽公。

　　「人家是敲鑼打鼓的兩岸直航，你跟人家湊什麼熱鬧？！」

　　我我我只不過很多年沒去金門，也想了許多年想看看那個自身家族及眾家海盜的原鄉——廈門，會是什麼樣貌？

　　如果有可能，可不可以找一回去金門、廈門騎車……這次就當做是勘景吧！

關於金門的二三事

　　金門，其實不是每個人都有機會去的。

　　幾十年的戰地前線，讓金門保有一奇特的光環。台灣男生對這個小島亦是又愛又恨，從體檢抽籤若高中這「金馬獎」的如喪考妣，抽中金門馬祖，這下剛認識三個月的女友可以直接分手了……而許多年後，你若聽到台灣男生問起在那兒當兵，若有幾人是在金門，這高粱酒、八三么的故事，那王子麵加蛋、高坑牛肉、碧沙雪蛤的美食，誰又走遍了全島看過所有的風獅爺……那個懷念似乎成了種光環圍繞著他們。其餘閒雜人等如你我就能閃多遠就走多遠吧，這一晚他們會很有得談。

其實，我也去過一回金門，有點羞澀的想要加入話題。「念大學時，因為加入學校青年才藝團，去金門勞軍過！」是的，說完就後悔，你收到周圍鄙夷的眼光。完全想不起來，自己在那舞台上做些什麼，應是那種串場的短劇演出吧，那種很不受歡迎的節目，唯一的作用可能是製造反差效果，讓舞蹈系女生的演出成為壓軸的高潮。要不，真的沒什麼理由存在。那一周的金門行，基本上是籠罩在高粱酒的酒精濃度中，似乎去了些地方：太武山、毋忘在莒、馬山觀測所、古寧頭戰史館，金門酒廠、擎天廳……但所有的畫面均已隨時光褪至模糊。

　　另一回跟金門扯上關係是畢業後的第一份工作：電影《戀戀風塵》助導。戲裡頭有一大段是男主角阿遠去金門當兵的場景，戲中阿遠因去金門當兵，最後女友跟每天送他信的郵差反倒好了起來，想來國防部應是怕「影響前線英勇士兵的戰鬥士氣」拒絕出借場景。於是只能在台灣各地，試著借景拼湊出一個金門來：那是在台北象山的碉堡，那是宜蘭大里的木麻黃林……

　　有趣的是周遭的同學倒是不少都在金門服役，也包括飾演《戀戀風塵》男主角阿遠的那位大學學弟，據說他在金門看了好幾回這電影。後來幾位同學友人相聚時總會提起：喂，要不要找個時間，大伙兒去金門騎騎單車啊？這一說也說了許多年……

金門單車狂想曲

金門的清晨。

住在金城鎮上的飯店，海邊的陽光早早便將人喚起，睡不著了便出門散散步吧！

昨晚稍稍地繞了下這小鎮，似乎有些有趣的古蹟祠堂廟宇，是待白天再來參訪。

但大清晨，先往鎮外走走吧！

金門人車本就不多，清晨更是清靜怡人，望著遠方的木麻黃林走去，啊，原來這是金門的青年活動中心，亦是幾條金門單車道的起點：沿著筆直的路面及兩側的林蔭，這可一路騎到古寧頭。

還依稀有印象，金門這小島似乎有著全台灣最密集的道路，360公里。想來這些當年因軍事目的而開發的道路，現應成了最好的單車專用道路：車少、空氣好、景觀獨特。看來是可以重新徵召金門行車隊，找晶文、阿並騎過他們當年的駐紮所，找Yabi帶路巡過這島上的一座座風獅爺，沿路挑幾家有趣的民宿，再安心的享用金門美食⋯⋯

早餐後，在金城鎮上閑晃；除了一家家的貢糖、炮彈菜刀及一條根

外。陳氏宗祠旁的兩層木門磚房頗有古意,老街上一家店家門上貼著「萬里」、「和風」兩聯,時光彷彿在此停滯許久⋯⋯

往老街深處走去,那是家祠那是老廟,那是已打烊多年的店面,那是曾經繁華的老洋樓,那是一落二櫸頭的傳統民宅⋯⋯

金門,我會再來,帶著我的單車前來。

海盜返鄉

在水頭碼頭搭船,往廈門。很奇特的經驗,出關檢驗,有種很隨興的氣味。數百人的快艇,比較像是那種由澳門到香港,或大嶼山於愉景灣到香港中環的搭乘經驗。

這天,陽光炙熱,窗外是藍天白雲綠海,還間雜著海浪拍窗留下的水珠。五十分鐘的航程,10公里的距離,卻彷彿要用掉數十年數百年的時光。

數十年前,是金廈兩島炮火相對,空氣中是蕭殺是生死存亡的凝結。

數百年前,是南洋日本貿易的中繼點,是眾家船商前往的港灣,是眾家海盜的故鄉。時而近海遊走捕魚為生,時而跨海遠行搏一個衣錦返鄉,漁

民、海商、海盜，身分轉移有時並不如想像中的困難。

　　自己的先人，究竟是跟著鄭芝龍前往日本平戶，在這塊海域打出一個天下；或是唐山過台灣，決定安心的腳踏實地務農為業；或者是那群苦力豬仔貿易時的遠渡重洋，大多魂斷異鄉而僅少數倖存致富而歸成為一代代人的淘金夢想。

　　仍是白燦陽光平靜海面，但數十代的故事已在腦海上快數上演千百回。

廈門印象

　　船近廈門，速度緩了下來。先入目的是廈門岸邊的高樓大廈，再近些瞧見鼓浪嶼上一棟棟的紅磚別墅。終於回到廈門，有一種海盜返鄉的奇異心情：些許激動、些許安然。

　　但老實說，這是個你想過多年，卻根本不清楚她現在是何長相的城市。

　　關於廈門，你知道什麼？嗯，閃過腦子的第一樁是「廈門馬拉松」，似乎是在三聯《生活周刊》上看到的一篇報導，這廈門馬拉松與北京馬拉松南北齊名，而廈門馬拉松正好是繞著廈門跑一圈的距離；再跑兩回台北ING半程馬拉松，然後將第一次全程馬拉松獻給廈門，或許是個不錯的選擇。

　　鼓浪嶼，那個滿布林語堂足跡及鋼琴聲在千棟別墅間流曳的鼓浪嶼。

廈門大學，那個名列中國十大美麗校園的大學。

光合作用書店，看過了北京五道口店及Soho現代城店，似乎該來瞧瞧她的起點原型。

32how，這個小巧有趣的文創組合，座落於市中心的一幢老別墅，當然也得拜訪。

……應該很有很多可列的，但這城市，據說不宜做太多事的，只適合懶洋洋的過日子。

愛上鼓浪嶼的方法

住在鼓浪嶼，出發前訂了這島上的青年旅館，原德國領事館。

由廈門輪渡碼頭搭渡輪前往，上船免費，二樓座位一元；600公尺的距離，還沒坐定船已靠岸。

彷彿這城市的後花園，鼓浪嶼遊客頗眾，導遊拎著大聲公帶著遊客緩緩前行，但就像花季時的陽明山或永遠人多的蘇州園林，你得早起或多走幾步路，方能發現這座島嶼的沉靜。而百年別墅伴隨著兩百年老榕樹的安詳，層層疊疊的蟬鳴對話，空氣中飄揚的雞蛋花香，總要人定下心神後方能領略聽聞。

島上一棟棟別墅或華麗或殘破，或喧嘩或死寂，都有著各自的傳奇。第一天傍晚走過福建路，右手是貴氣逼人的海天堂構，左手邊的小洋房在斜陽下自有韻味，隨手拍下了牆角的小桃源碑。後來方發現這屋主人是晚清詩人林鶴年，曾任職台灣，甲午戰爭後返廈定居鼓浪嶼，別墅名為「怡園」；怡者，心懷台灣也。每一棟別墅都有著自己的故事，許多都是百年老人了，他們只靜靜微笑著，故事嘛，有緣人自能體會。

　　夏季的鼓浪嶼，白天諸事不宜。在住處或發呆或看書，找個小咖啡館喝杯安溪茶看著山下的熙熙攘攘亦是不錯的選擇。而清晨與傍晚方是適合活動的時刻：可沿著海岸前行，看一眼難得無人的沙灘；可順著山路蜿蜒上下，貓兒們懶洋洋的據路稱王；或者挑一棟想拜訪的老宅，試試看在粗略的地圖及摸不清邏輯的路標中，你是否能幸運地的尋獲。

　　那天上午，在小路間漫步，遠遠走來一老一少，是阿嬤背著小提琴帶著小孫子去音樂學校上課。「啊你愛好好學喔，阿嬤等你拉給阿嬤聽……」小孫子點點頭，靜靜的看著兩人遠去的背影。

私家廈門

託友人的福，介紹了32how的楊函憬，三個主事者之一。

電話聊沒幾句，竟也像是熟朋友；原來，大辣出版的情色聲名遠播，襲捲對岸；原來函憬曾任職貴州西西弗書店及廈門光合作用書店。難怪，理解。

看著這中山公園旁的32how，竟有絲嫉妒，還能找到這種老房子，真好。

一個朋友總會帶出一群朋友：於是你認識了32how的宇鳴及李顏，於是你約好要跟光合作用書店的孫池小姐碰個面，於是你碰上另一個熱愛廁所的漫畫作者阿卷紙，於是《廈門晚報》的鄭青說好下回要幫你介紹一下廈門的車隊⋯⋯

「你該去廈門大學走走，逛逛南華路，挑家咖啡店坐坐。」

「得去走訪中山公園的百家村路，那是廈門僅存的三片老區，然後去吃碗沙茶麵⋯⋯」

「再帶你走一回鼓浪嶼，好幾條私房路線可讓你選，也順便看看是否能夠租下一棟老別墅⋯⋯」

這個友人帶著你這家吃過那家，告訴你這城市你至少需要待下來一個月慢慢的吃喝體會，聊著其實還有許多事可以來Cross over一下⋯⋯

在這個老城市碰見年輕友人，是種奇特心情：是這城市讓自己返老還童？還是因為認識新友人為自己注入新的能量？

離開廈門的那一天，清晨起了個大早，在中山公園裡散步。北門是付費入場的老年舞蹈中心，台語老歌中探戈起舞的一對對絲毫不顯老態；西門的南音館前是打著太極的一群，緩緩的身影中依稀可聽到南管的絲弦之音；往北門前行是池畔是綠地的慢跑族，綠地上佇立著許久未見的孫中山身影；東門入口處有著動物園，而竹林下是泡著老人茶聊天講著閩南語的廈門人……而居中的是正待暖身起動的兒童樂園……該是走去市場買幾顆桃子在樹蔭下安心的吃著，靜靜地看著這個有趣的公園。

該回去了，很好奇，下一回的金門廈門騎乘，可以吃喝玩樂出何種樣貌？！

親愛的，決定了嗎？是否要加入，咱們一塊兒的「騎完金門騎廈門」。

帶一本書去騎車

《金門》王其均，北京三聯出版

金門的建築、聚落及歷史，從閩式祠堂到中西混搭洋樓，每棟房子其實都有自己的故事可說。

騎完金門騎廈門〈遊走篇〉

遠方是藍天，海面是稍暗的碧濤，岸邊連結著綠草地及棕櫚玉蘭等樹木，紅色的單車道，這調色盤組合出一令人愉悅的層次。這段海岸線，應是廈門人的假日熱門去處吧。

中場休息，金門隊的咖啡王子再度端出咖啡用具。

「你們騎車，都這麼悠閒享樂嗎？」函憬問著。

那當然，要知道：選擇對的車友，是件很重要的事。

十年金門單車夢

2008年9月3日，天晴。

一行人從金門水頭聚落定風波民宿走出，跨上單車，開始這回的金廈單車行。大伙兒都樂滋滋的，一開始便是上坡路亦不以為意。出了村見大路右轉，這條就是環島南路吧！下午四點，太陽的熱力仍強，但無所謂吧！這個說了十年的金門單車夢終於成行，騎乘在這安靜無車的公路上，一步步的踩踏，方漸漸的有些真實感。

騎在前頭的晶文與阿並，一黑一黃的KHS小摺，這兩個人應是最多感觸吧！二十年前的金門當兵情景，到底還留下多少記憶。從台北到金門的五十分鐘航程，竟然要嘮嘮叨叨的說了十年方才成行。

國同騎的是剛買的Oyama白色小摺，這位已退休的電視台製作人配備奇特：仍是當年製作生態節目裝扮，賞鳥帽配上單車褲，T恤後頭掛上擦汗毛巾，有那麼點醒獅團陣頭的在地氣味。腰包裡除了手機，還有一台股票機，這倒是這些年在眾家車友中第一次出現的新行頭。

愛珍同學在最後一刻加入金廈行車隊，沒帶上她的登山車，跟民宿借了老闆娘的愛車。有一種浪漫隨意，這調性從台南女中到陽明山念書均一路伴隨。

自己騎著Birdy小白壓後。嘿嘿，好大的陣仗，五人車隊竟然也就成行了。是大伙兒都覺得：有時放下工作情感家庭，好好的騎趟車，是件開心的事吧！

　　金門島，150平方公里，八萬人口；駐軍最多時曾超過十萬人，現約五千人。

　　騎在往珠山聚落的路上，記憶裡隨處可見的綠色軍車及阿兵哥，已無影蹤；那充斥整個島的男生汗臭氣味亦人去樓空，取而代之的是竹林及木麻黃參雜些許海風的清新。

　　珠山聚落，金門七個古厝聚落之一。五台單車靜靜的騎入這個小村，整個村子彷彿是時空停滯了百年，閩式古厝與近百年的洋樓竟也融合的恰如其分。停下單車，大伙兒在古厝巷弄裡穿梭。喔，那棟是薛永南兄弟洋樓，那是薛氏宗祠，咦，這兩扇門神竟是浮雕……村裡亦有荒蕪老宅，牆上仍有清晰可見的彈孔，一片牆就寫下一段歷史。還遇見村中一老先生，跟我們聊著國際局勢，金門不愧是華僑之鄉，老先生亦是那種看遍世界的從容。

　　繼續前行，歐厝是另一個古厝聚落，亦有民宿。這路程短了些，要不，每天住一個古厝的騎乘金門，應是不錯的玩法。

進金城鎮，晶文與阿並兩位老兵進入某種亢奮狀態：

「這邊以前有個水塔，我們都在上面看夕陽，你記得吧？」

「這條巷子的那家麵線還在，明天要不要來吃一碗？」

「咦，這個國民黨黨部是以前的金城戲院吧？」

兩位老兄快速而混亂的交談著，旁邊三位跟金門沒太多關聯的死老百姓，愣愣地看著。喂，兩位阿兵哥也稍微解說一下吧！

晚餐在金城中興街一家老麵館用餐，兩位退役軍人口沫橫飛的跟老闆聊著「你們牆上這菜單都沒變耶！」……和國同、愛珍三人喝著啤酒。看來，這晚得任著他們懷舊之情繼續泛濫了……

登太武渡小金門

清晨，古厝民宿中醒來。簡單梳洗，在院子裡做個早操；離早餐還有些時間，那就出門去逛逛這水頭聚落。

出門左手邊見一池塘，半圓造型中有一弧形曲橋，甚是別緻；細看解說，原來這是黃氏酉堂的日月池，這老宅是當年水頭的書院……思緒飄遠，那牆裡似乎是一群年輕私塾學童，正隨著先生搖頭晃腦的背誦著唐詩三百首，稚嫩的童音依稀可聽聞。

水頭聚落，位居金門這狗骨頭形狀的西南隅。水頭自古即是與廈門連絡的港口，清末民初，下南洋經商風氣大開，金門人由水頭搭小船至廈門，再由廈門搭汽船往菲律賓、新加坡、印尼等地去經商工作。不幸者客死他鄉，成功者衣錦返鄉；翻新祖厝，建洋樓住屋，甚至是爭奇鬥妍。得月樓及附近的洋樓群、水頭十八間、黃氏酉堂及那中西混搭的金水國小，均是這時期的代表性建築。「有水頭富，無水頭厝。」的金門諺語是另一見證。

　　吃完金門的傳統早餐──廣東粥，這是另一個混雜融合的範例；晶文拿出全套咖啡設備，磨豆濾泡，一杯入口振奮人心。

　　訪古寧頭，騎的是那條從金門青年活動中心一路往北的環島西路，亦是金門縣政府規劃的金寧線單車道。有著木麻黃林蔭，睜著無辜眼神的黃牛亦在路旁與人對望，騎來頗為清心定氣。

　　但也發現金門騎車的小麻煩：餐飲過於集中幾個鄉鎮，美食小吃不是隨處可見；所以啦，還是得感謝無所不在的7-Eleven。

　　過瓊林聚落，抵小徑。兩位阿兵哥神祕兮兮的東張西望，帶我們走進一片正在大翻修的軍營建築。就是這裡了，當年的軍中樂園──八三么特約茶室。金門縣政府預定將這兒改成茶藝館，嗯，改成鋼管舞酒吧不知是否會

更有紀念性些！

咦，怎麼開始上坡了，我們有說要騎太武山嗎？

好啦，就253公尺高而已。路頗陡窄，騎小摺更是挑戰，但在路上遇見騎單輪車正要下山的退休老師，我們都只能肅然起敬。這獨輪教師，更拿出長笛為我們邊騎邊奏一曲。這下又輸了，當年實在該鼓吹施同學練那邊放手騎車邊拉小提琴的絕活，這樣可能還有點機會一搏。

隔日一早，收搭行李，這天要騎乘小金門，並遷移至山外，那個當年的金門軍事中心。

騎到水頭碼頭，搭船往小金門。一排單車於船艙中排開，亦是另一種的雄壯威武。小金門的單車專用道頗為特別，是由當年的戰備道改建而來，於是那原來給戰車、吉普、軍用卡車行駛的兩條蜿蜒延伸的水泥道，此時便成了最佳的單車道。路內側是高粱田，外側是雷區及海岸，頂上是遮蔽陽光的樹梢；最肅殺的島嶼如今成了最散漫悠閑的單車路線。

回到九宮碼頭，去探一下那水陸兩棲的四維坑道。其上有坑道咖啡館，眺望金門島景觀頗佳；咖啡王子繼續為大伙兒濾泡一杯杯香濃的咖啡。陽光白雲，海風輕拂，船隻在海面上若有似無的緩緩移動。沒人說話，均享

受著這一刻的沉默。

　明天，就是穿越這片海域前往廈門，跟隨著數百年來前人的步伐，彷彿一切依舊。

廈門車隊新登場

　2008年9月6日，天晴。

　金門車隊五人組帶著四台小摺來到廈門。小三通似乎越來越熱門，七月搭船由水頭碼頭至廈門，船仍是稀稀落落的六七成滿，這回已是座無虛席。多數乘客不耐船艙中的冷氣及嘈雜，不少人均在甲板上吹著海風，看著那越來越近越來越清晰的鼓浪嶼。大部分是台商，有些是遊客，閑著沒事的單車組合就只有這五人組。

　廈門友人安排了中山公園旁的旅館，簡單乾淨的商務旅館，甚好，一伙兒人都將小摺拎進房間，車還是得擺在看得見地方才安心。

　三位廈門年輕友人，合開了一家「32how」文創公司，租下了廈門華新路32號的老別墅，邀約了廈門及各地的閑人，來此創意交流。高個沉默的李顏規劃布局，冷面斯文的宇鳴負責視覺執行，長髮熱情的函憬是媒體公關。三十而立的歲數，充滿了爆發能量，讓廈門變得更加有趣。

嘿嘿，但這回，咱們是來騎車的！

「今天晚上接風，就小酌囉，我們待會還得去弄單車裝備！」三人異口同聲的回答。哈哈！不會吧！都是這兩天才買的小摺新車？！

隔天上午八點，在32how的別墅門口集合。

嗯，金門隊五人四車，函憬為愛珍另準備了一台Dahon。但，廈門隊竟然有六人：除了領隊車行老闆阿蔡外、還有帶了個籐編帽玩LOW-FI的音樂人Dave、另一位騎著BMX，嘻哈裝扮宛若塗鴉人的bbc、再加上32how三人組。這一字排開十一輛小摺的金廈車隊，挺像是一回事。

「怎麼會有這麼多人呢？」問著函憬。

「大家都有過騎單車環廈門島的念頭，但也就一直停留在想法的階段；這回你們要來騎車，大家都很興奮啊！」

是喔，那這算是「廈門環島練習曲」還是「金門廈門小車拼」？！

上路，從中山公園出發。函憬應是先勘察過了路線，穿街鑽巷的一路接到海岸邊。過廈門大學後，是環島路的單車專用道。沿著岸邊的綠地、兩線道寬的單車專用道，大伙兒逆時針騎乘廈門。

遠方是藍天，海面是稍暗的碧濤，岸邊連結著綠草地及棕櫚玉蘭等樹

木，紅色的單車道，這調色盤組合出一令人愉悅的層次。這段海岸線，應是廈門人假日熱門去處吧。

中場休息，金門隊的咖啡王子再度端出咖啡用具。

「你們騎車，都這麼悠閑享樂嗎？」函憬問著。

那當然，要知道：選擇對的車友，是件很重要的事。

大伙兒在「一國兩制統一中國」拍了張合照。下回兒你們到金門，再招待大家到「三民主義統一中國」前好好留影。

就這麼十一台車各自組合交錯，與不同的車友聊一小段。原來嘻哈男孩bbc這名字的由來，不是因為喜歡英國廣播電台，而是他在鼓浪嶼開的餡餅店名為babycat，原來是這樣的縮寫暱稱。除了bbc這位原住民外，其他人都是外地來的，一待下來也就不想離開了。

沙茶麵、廈大、搏餅

「明天早上七點集合，先去吃沙茶麵，再去走訪廈門大學。」環完這四十多公里的廈門島後，函憬發出隔日的單車通告。

每個城市的早餐，均有其特色，常無法為外人所理解。台南的菜粽配味

噌湯，廈門的沙茶麵均是。一早吃沙茶麵，這口味不會太重了些嗎？！

七點集合，金門隊仍是五人組，廈門隊除32how三人組依舊，另替換上兩位女車友。

再度上路，依舊穿街過巷，過市場，來到民族路上的烏糖沙茶麵。這沙茶麵的點法是依你點多少料來決定價格，這個早上就來點大腸鴨血就好，最後緊急的提醒老闆娘，給我清湯即可，依舊美味。開玩笑，還得騎一天車呢？！這腸胃還是得好好照料。

參拜了南普陀寺後，進廈門大學。廈門大學以校園之美及學術風氣聞名，林語堂、魯迅等人亦曾在廈大教過書。

唯一在廈大念過書的李顏開始擔任導遊角色，讓我們很清楚的知道，廈大的校園戀情，是從芙蓉湖畔的散步開始，黃昏時的體育場：上弦場，走到半山腰的廈大水庫已是進入熱戀期……那走入後山呢？不禁讓人多瞧幾眼那比鄰而建的男女宿舍……嗯，年輕真好。

騎文屏路，是廈門行的少數爬坡路段。對已經歷太武山訓練的金門隊，並不是太難；但對才剛買車的廈門隊，似乎就有些挑戰。

老市區裡的開元路，大同路，其實該是牽著單車慢慢散步，這片有著奇

特圓弧曲線的街道，下回來訪時仍會存留吧？！

　　傍晚時的白鷺洲公園，在湖畔已有涼風，暑氣漸消。宇鳴買了一袋龍眼，大伙兒分食著……

　　嗯，這一周的金廈單車行，似乎到了尾聲。

　　阿並明天返台，得回學校繼續教育英才。四人再待一晚鼓浪嶼，亦得兵分兩路，有人返台，有人赴京洽談公事。

　　廈門隊亦得以回復正常作業，大家都是得工作的。

　　這天的晚餐吃了些什麼？只記得大伙兒都喝了不少酒，一直從冰箱拎出的啤酒；國同從金門帶到廈門的陳年高粱，似乎別人都沒沾到口，就他和李顏一杯杯的下肚……國同發出了呵呵的笑聲，李顏正經的聲調亦提高了幾度。

　　街道上傳來煙火聲響，喔，是金門廈門共同歡度中秋隔岸施放的煙火。

　　「待會兒，都要回32how玩搏餅喔！」函憬提醒著大家。

　　是某種擲骰子的古老遊戲，似乎只在金門廈門間流傳。紅四最大，是取進士的諧音。六個骰子，只要有兩個紅四，便有禮品。一屋子人輪流擲著骰子，酒精與遊戲，讓這個夜晚有著過節的氣氛。

　　Dave拿出了非洲鼓，函憬吹著洞蕭，宇鳴的吉他有無登場……金門隊

呢？我們的小提琴手呢……還有口琴、三角鐵呢……

後記

還會再來金門嗎？會啊！還有金沙鎮尚未走訪，好幾個古厝聚落都沒住過，而風獅爺根本沒仔細打量？！更別說鄭芝龍、鄭成功在這島上的足跡身影！

還會再走訪廈門嗎？當然，得來走訪友人，小吃小喝小聊。再從廈門出發去走訪泉州、漳州，還有那土樓及武夷山呢！

還會再騎車嗎？

親愛的，這咱們不是說好，要一起騎到地老天荒！

帶一本書去騎車

《開啟台灣第一人：鄭芝龍》湯錦台，果實出版
時光穿越到四百年前，我們隨著這位年輕人從金門廈門出發，下南洋、駐平戶、訪台灣，講數國語言在荷蘭人西班人及日本人之間盤旋，而終成十六世紀掌控這遠東海面最大的梟雄。

Birdy Alivio 摺疊車

| 前避震 | 八段變速 | 台幣33,000元 |
| 2008— | 碼表里程：624 公里 |

通勤，都市騎乘，輕裝旅行
小摺高鐵南巡，騎完金門騎廈門
現在家中，除上下班通勤外，
最常於周五於城市中夜巡

會買這麼一台Birdy摺疊車，完全是因為友人阿並的多年慫恿。

這位留學日本多年拿了個戲劇博士學位的友人，對事物常有些異想天開又自成邏輯的想法。

Birdy這台摺疊車，約莫從1999年，阿並便開始為我簡介這車的設計、歷史、在日本的風行、帶著這摺疊車上火車的旅遊方式……而哪一年，讓咱們帶著摺疊小車去騎四國，參拜那八十八間廟。

2008年，趕在最後一批經典款的斷貨前，狠下心買了台白色小Birdy（真的，很久沒有買禮物送給自己了！）

這小白頗為亮麗討喜，騎上街頭，受注目度頗高；再加上其輕巧易收，便成了城市與城市間遊走的上選交通工具。

試著帶上高鐵南巡高雄台南嘉義，亦吆喝友人，包括兩位金門老兵，在這小三通開始時，去試著「騎完金門騎廈門」。

這台小白，應還有機會開發出其他可能性。

但對於用小摺來環島，或騎小摺訪福建土樓或武夷山，嗯，這嘗試就讓給其他車友吧！（即便在廈門認識了騎Dahon小摺的阿蔡，用25天從成都騎上拉薩，壯舉令人動容，嘿，但絕對不想效法。）

什麼車騎什麼路，每台單車，終究會為人生增添不同的滋味。

單車放浪 / 黃健和作, --初版, --台北市：大辣初版：大塊文化發行, 2008.11 面；17x23公分.（dala vs ；4）
ISBN 978-986-6634-08-6　　（平裝）1.遊記 2.世界地理 3.腳踏車旅行　　　719　　　　　97019529

not only passion

not only passion